哲学家如何谋生?

[法]纳西姆·埃尔·卡布利 著
黄可以 译

上海社会科学院出版社

本作品由纳西姆·埃尔·卡布利 2023 年夏季根据"法兰西文化"电台的节目内容整理而成。

序　言

"您是哲学家？啊！那除了哲学，您还从事别的工作吗？"

的确如此，我们不能只靠着爱与智慧活下去，更不能只靠着对智慧的爱活下去。要当哲学家，首先要当个人，当个人就需要赚钱养活自己，哪怕只是在闲暇时刻出神地思考哲学。总之得有个工作，因为哲学并非一种职业(un métier)。

不过，要当哲学家，的确需要一些技巧(du métier)。哲学思考，不(仅仅)是回到家里，手肘撑在膝盖上，庄重地撷取哲思！哲学思考如同一种艺术。当我们面对一位大艺术家时，我们不一定能欣赏其作品，但这并不妨碍我们欣赏其"职业"，无论是糅合色彩、再现褶裥，还是润色旋律、编写和弦。所有那些画着小人儿或是在储物盒上敲打出一些节奏的孩子都在从事着"小写"的艺术。但是,只有少数人能成为"大写"的艺术家。因为只有将艺术作为职业来从事的人才能算作艺术家。哲学也是如此。所有的孩子都无穷无尽地提着问题:这是什么?为什么?这些问题或天真或深刻。但是,从这些"小哲学"的问题走向哲学家"大哲学"的问题,需要跨越相当一段距离,需要一些独创性、对真实的无限热爱,以及各种各样的职业。职业,在这里指的是"思考的艺术"的另一个名字,它意味着走向他人的思想,从而从中寻见自己的思想。它同时意味着提问、构想、论证、看见行不通的地方,有时还要想方设法地找到行得通的地方。这些步骤对任何一种职业而言都是必不可少的一部分。但是,这并不意味着哲学是一种职业,哲学甚至不是一份工作。那么,哲学家们的真正职业究竟是什么?他们如何谋生?

这个问题鲜少有人提出,因为如今,哲学家往往是"哲学老师",或是大学里比较常说的"科研人员"。他们在完成了漫长的学业后,在阶梯教室里授课、指导论文、组织讲座与研讨会、审阅、在专业杂志中发表文章,有时出版书籍。康德以来的大部分哲学家都是如此。康德是第一位在大学持续授课的哲学家,他授课的机构是当时的柯尼斯堡大学，在如今的加里宁格勒。此外，为了生活，康德也教授数学、物理、逻辑、伦理。他甚至还会教授地理、军事建筑或火药学相关的课程。的确，从亚里士多德到黑格尔，从胡塞尔到福柯，相当一部分"大哲学家"的作品其实都是他们的课堂记录。然而，哲学家毕竟不都在体制内工作。如今不是，从前显然也不是。

这便是纳西姆·埃尔·卡布利想要展现给我们的内容，哲学家"真正"从事的职业。这数十位哲学家或男或女，或有名或无名。有些哲学家的职业不足为奇，因为这些职业与我们对职业哲学家的印象相关：有的从事与科学相关的工作（解剖学家、数学家），有的与语言艺术相关（律师、法官、外交家），有的与交流沟通相关（记者、图书管理员、牧师）。另一些人的职业则出人意料（爵士钢琴家、皇帝），甚至与哲学根本毫无关系，因为这些职业讲求的是腿部力量（自行车手）或手部灵巧度（摩托车维修、工人、乐谱抄写员、镜片抛光师）。斯宾诺莎①就是镜片抛光师，他宁愿继续从事这份收入微薄的职业，而不是去于1673年向他发出邀请的海德堡大学任教。晚

---

① 应本书体例编排需要，哲学家外文名保留在正文独立篇目的导言中，序言、引言、前言等辅文部分及正文其他部分提到的为大众所熟知的哲学家不再补充说明其外文名。——编者注

一些时候(1816年)黑格尔承接了这门课的教学工作,他倾囊而授,毫无保留。在哲学家的职业清单中,我们甚至看到了一位奴隶,即斯多葛派哲学家爱比克泰德,同时有一位皇帝马可·奥勒留,他也是斯多葛派哲学家。这对例子让我们看到古代斯多葛主义启示的多面。除了伊壁鸠鲁学派,很少有哲学流派能够展现出这样的普遍性。

除了纳西姆·埃尔·卡布利在这本独特又有趣的书中研究的特殊案例,还存在着一些哲学家,我们不清楚他们靠什么养活自己。他们可能在收租,或者有别人养着。说到底,"为了生活就得工作,这是社会所必需,也是道德义务",这样的观点对于古代大部分思想家来说都很陌生,而正是这些"游手好闲"之辈为我们的文学与科学遗产带来了如此丰富的作品。长时间以来,哲学首先是一种奢侈品,然后才成为口袋书。

有这样一个神秘的例子:第一位哲学家,苏格拉底,这位流浪汉,到底靠什么活着?或许是他众多仰慕者中的富家贵族子弟在供养他,或许是他先继承了父亲石匠(或者是雕塑家,彼时两种职业之间区别甚微)的职业。如果我们研究苏格拉底,可以像纳西姆研究各位哲学家一样,"将悖论之绳拉到头",然后尽力从中整理出苏格拉底的哲学与他真正职业之间的隐秘联系。我们可能会这样说：就像石匠用榔头、大锤和越来越利的尖锥一点一点地将石料切割成为尽可能整齐均匀的几何形状，苏格拉底也通过反驳的方式将对话者模糊与原初的观点逐步雕琢为以理性形式呈现的回答。同样，就像雕塑家只是让材料中已经有的形象展露出来，辩证学家也只是揭露已然存在于对话者思想中的知识。因此，苏格拉底不仅仅同助产士母亲费纳瑞特一样为灵魂助产，也同石匠父亲索佛洛尼斯科一样专注于为思想石料雕琢。

这位哲学家"真正"职业的例子是否能加入本书的清单呢？或许能，其他的例子可能也行，读者们也可以享受自己为作品加入新例子的乐趣。无论如何，我们应该感谢本书的作者，他让我们打开视野，看到了这样一个如此为人忽略的领域，让我们惊讶地发现，我们竟然从未想到过这个问题。在这个问题上，哲学家和其他所有"大人物"一样，人们往往会忘记这些哲学家可能是女性，以及这些哲学家不能仅靠"思想"生活。这样一部作品需要纳西姆·埃尔·卡布利的严谨与幽默，需要他写作的才华与研究的耐心。简而言之，需要他所从事的哲学家的职业，才能敢于提出这个问题，才能知道如何回答。

弗兰西斯·沃尔夫

前　言

本书整理自 2023 年 7—8 月在"法兰西文化"电台播出的"夏日清晨"栏目的 40 期节目。为什么是 40 期？节目播出了 8 周时间，每周 5 期节目，共 40 期。但碰巧的是，当我们想到弗朗茨·韦尔弗（Franz Werfel）的《香蕉山的四十天》（*Les Quarante Jours du Musa Dagh*）、《一千零一夜》中的《阿里巴巴与四十大盗》、或者是伏尔泰的哲学中篇小说《有四十金币的人》（*L'Homme aux quarante écus*）时，我们不难发现，40 也是一个具有某种修辞力量的数字。

这些节目整理而成的文章并非真正意义上的哲学著作，章节排列的顺序也自由而独特。读者可以按照自己喜欢的顺序自由阅读。我希望这些文字能保留口语的样貌。每篇后附上多个推荐阅读,为读者进一步思考提供线索。

在此,我要衷心地感谢艾米丽·德·荣(Emelie de Jong)与弗洛里安·德洛姆(Florian Delorme)邀请我制作这档电台节目并支持了这次出版计划,感谢塞西尔·毕铎(Cécile Bidault)细致而慷慨地陪伴我构思并实现了这档节目,感谢茱丽叶·德拉诺瓦(Juliette Delannoye),她给了我太多的帮助,她的电台经历对我来说如此宝贵,感谢杰哈尔丁·穆尔曼(Géraldine Muhlmann)的支持与建议,感谢艾玛纽埃尔·博加特内(Emmanuelle Baumgartner)、奥利弗·埃尔(Olivier Helle)、弗洛朗·拉特维(Florent Latrive)与伊丽莎白·米罗(Elisabeth Miro)给予我的宝贵经验,感谢约瑟芬妮·贝特泽(Joséphine Betzer)与我的愉快合作,感谢晨间节目负责人纪尧姆·埃尔内(Guillaume Erner)、昆汀·拉费(Quentin Lafay)及朱莉·加孔(Julie Gacon),感谢线上与我对谈的嘉宾。我还要感谢法兰西电台的编辑安妮-朱莉·贝蒙(Anne-Julie Bémont),法亚尔出版社的主编伊丽莎白·萨珀塔(Isabelle Saporta),以及在作品出版过程中陪伴我的托马斯·翁德舍尔(Thomas Vonderscher)、蕾阿·苏凯-巴歇日(Léa Souquet-Basiège)

及弗兰西斯·沃尔夫(Francis Wolff),没有他们,这本书不可能出现在读者面前。

在所有给予我关于法兰西电台的节目,以及由节目整理而成的这部作品的想法与建议的朋友中,我要特别感谢布鲁诺·纳辛姆·阿布达尔(Bruno Nassim Aboudrar)、朱莉·加孔、昆汀·拉费、卡特琳娜·拉莱尔(Catherine Larrère)、史蒂芬·马尔尚(Stéphane Marchand)、阿德琳娜·佩蒂(Adrienne Petit)和贝尔纳·塞夫(Bernard Sève)。

最后,感谢听众们,他们对节目的兴趣与关注让我倍感动容。

引 言

哲学家的"真正"职业？也就是说，哲学家可能有着"虚假"的职业，或者根本就没有职业？那哲学不是一门职业吗？

如同弗兰西斯·沃尔夫在序言中提到的那样，如今我们倾向于将"哲学家"与"哲学老师"混同起来。然而，如果说教授哲学必然是一种职业的话，那么就最严格意义而言的哲学思考则并非一种职业。"哲学思考"可能是一种事务、消遣、要求、爱好，但本身并不构成一种职业，或者说一种被社会所认可、能够较长时间从事、得到物质回报（奖金、酬金、工资、福利）的活动。虽然19世纪以来，许多哲学家都是哲学老师，但并非一向如此。斯宾诺莎、休谟、尼采、马可·奥勒留都没教过哲学

（除了他们留给我们的作品以间接的方式给我们传授知识）。不过，如同古语所言，"首先要生活，然后才能进行哲学思考"（*Primum vivere, deinde philosophari*）。

哲学思考是一种奢侈品，并非所有人都有能力给予自己这份奢侈品。哲学活动不正是要求我们从压在人类生活之上的物质牢笼中挣脱出来吗？一切似乎都在将哲学与工作对立。工作，是将自己的智力服务于物质产出或服务产出，而哲学思考则被定义为某人自主判断的自由思考练习。工作有着大量的技术要求或社交要求，打工人需要遵循工作的节奏和速率，目标在于效率和收益。与之相反，从事哲学，在于摆脱这种经济逻辑，从而完全沉浸于思考与研究，远离一切命令、一切社会时间的安排。与工厂的工人不同，哲学家不用打卡，哲学活动也不是朝九晚五。

然而，在最为出名的古代哲学家中，已有一些从事着我们可以称之为"职业"或"工作"的活动。比如，塞涅卡做过尼禄大帝的家庭教师和大臣，普鲁塔克是德尔斐的阿波罗祭司。接下来的几个世纪中，这样的例子更多，后文中有所提及。"职业"概念的边界其实相当模糊，因此得以囊括文中提及的哲学家所从事的形形色色的活动。其中有些职业已经消失在今天的社会之中（镜片抛光师、乐谱抄写员、电报派送员），不过本书中我们仍然将这些活动视作一种职业。其他一些职业如今仍然存在（律师、法官、工人、摩托车修理员、音乐家、编辑、企业家、物理学家、记者、历史学家、图书管理员、经济学家、外交家、艺术评论家、人类学家、社会学家），另一些严格来说并不是一种职业，但也是长时间从事、得到社会认可的活动（市长、政客、自行车手、修道院院长、牧师）。有些哲学家从事的职业在我们看来具有一定的年代感（贵族家教、包税人①），还有的职业处于我们所认知的"职业"范畴的边缘（食利者、银行劫匪、伪币制造者、公主——在进行哲学工作的同时从事一种职业的哲学家不全是男性，远非如此）。

"在进行哲学工作的同时"，这种"同时性"也是作品提出的一个问题。这些男性与女性哲学家从事的如此多元的职业与他们的思想有着怎样的联系？哲学家的职业是否只是谋生之道？毕竟不是所有人都有存款可以吃利息，但还是得活下去。还是说，他们从事的哲学与工作之间有着某种类比、因果甚至矛盾的关系？书中的每个例子都具有代表性，而本书的目标在于阐明思

---

① 包税人：指法国封建时代受王室委托承包征收间接税的人。

想家的"智力工作"(有点过时的说法)和如此丰富的非哲学工作之间的张力与渗透。

因此,关注哲学家智力活动以外的或并行的职业,不仅仅起到丰富人物传记的作用。这些形形色色的职业本身同样有着哲学维度。它们为我们带来启发,让我们更好地理解这些哲学家的作品,尽管有时以悖论的方式呈现。

那就让我们将悖论之绳拉到头吧!哲学家的谋生之道,不正是在脚踏实地的同时仰望星空吗?

目　录

斯宾诺莎：镜片抛光师 / 001

汉娜·阿伦特：记者 / 007

第欧根尼：伪币制造者 / 013

伊夫·居赛：喜剧演员和脱口秀演员 / 019

帕斯卡：公共交通承包商 / 024

塞涅卡："皇帝的朋友" / 029

马修·克劳福德：机修工 / 035

埃米莉·沙特莱：物理学家 / 041

蒙田：市长 / 046

多米尼克·梅达：高级官员 / 052

普鲁塔克：阿波罗的祭司 / 057

狄德罗：艺术经纪人 / 062

雷克吕斯：地理学家 / 066

柏格森：外交家 / 071

纪尧姆·马丁：职业自行车手 / 075

巴什拉：邮局职员 / 080

莱布尼茨：图书管理员 / 085

阿涅斯·盖罗：作家—作曲—歌手 / 090

柯奈留斯·卡斯托里亚蒂斯：经合组织经济学家 / 095

让-雅克·卢梭：乐谱抄写员 / 099

让·梅叶：无神论神父 / 104

孟德斯鸠：法官 / 108

阿瑟·丹托：艺术评论家 / 113

马可·奥勒留：皇帝 / 119

玛丽·德·古纳：编辑与斗士 / 124

托马斯·霍布斯：贵族导师 / 129

克洛德·阿德里安·爱尔维修：包税人 / 133

西塞罗：律师 / 138

芭芭拉·卡森：精神疾病青少年教育家 / 143

索伦·克尔凯郭尔：食利者 / 148

贝尔纳·斯蒂格勒：抢劫犯 / 152

爱比克泰德：奴隶 / 157

克洛德·列维-斯特劳斯和蒂娜·德雷福斯：人类

学家 / 162

伊丽莎白：修道院院长 / 167

弗里德里希·尼采：语文学家 / 172

霍华德·贝克尔：爵士钢琴家 / 177

希帕蒂娅：天文学家 / 181

大卫·休谟：历史学家 / 186

勒内·笛卡儿：解剖学家 / 191

西蒙娜·薇依：工人 / 196

哲学家年表 / 200

译后记 / 203

斯宾诺莎：镜片抛光师

巴鲁赫·斯宾诺莎（Baruch Spinoza, 1632—1677）在世时同样因为他镜片抛光师的职业而出名。正如他自己所言，他的手工活动是"他的谋生之道"。这保障了他物质上的独立，使他在闲暇时间能够完全沉浸在哲学之中。

打磨用来制造放大镜、显微镜、望远镜的玻璃镜片，这是实实在在地参与到科学发展之中。在斯宾诺莎所处的时代，世界不再局限于封闭而有限的狭窄边界之中。因为有伽利略，以及之后的牛顿，世界从此展现出了无边无际的样貌。因为显微镜，人类得以触及微观的无穷，而因为望远镜，人类又得以触及远处的无穷。

这些崭新的光学设备的制造需要技巧复杂且极为细致的操作。在这些操作中,镜片抛光是最后一步,抛光师要将玻璃表面所有的杂质和凹凸都打磨掉。斯宾诺莎参与的正是这一阶段的工作。要打磨镜片,我们就要将玻璃放在一个被称作"盆"的容器中。这是一种金属模具,比要打磨的玻璃稍微大一些。盆里装着一块研磨布。在磨轮的帮助下,专业师傅要在双手不直接触碰镜片的前提下打磨镜片,将玻璃变得透明而均匀。

这一精细的工作需要相当程度的敏捷、专注与耐心。这些不都正是哲学家必不可少的品质吗?实际上,打磨镜片与撰写《伦理学》(*Éthique*)这两种活动之间有着紧密的联系。这种联系不仅仅局限于它们要求的职业素养,某种意义上来说,它们还出自同一种姿态。就像吉尔·德勒兹提到的那样:"要从整体上理解几何学、镜片抛光的工作,以及斯宾诺莎的人生。"[①]

斯宾诺莎邀请我们将几何学与抛光镜片及光学设备制造结合起来。

表面上,抽象的几何学与具体的镜片抛光工作相去

---

① [法]吉尔·德勒兹(Gilles Deleuze):《斯宾诺莎的实践哲学》(*Spinoza. Philosophie pratique*),巴黎:午夜出版社(Éditions de Minuit),1981年,第23页。

甚远。但是,仔细观察后我们会发现,两种活动并非如同我们以为的那样完全无关。长期以来,人们仅凭经验知道镜片具有放大的功能,但是要等到笛卡儿——这是斯宾诺莎热爱的作者——的作品《屈光学》(*Dioptrique*)才提到了相关的几何原理及科学理论。抛光是将玻璃制成镜片的最后一步,是增强我们"看见"能力的一步。同样,《伦理学》的结构搭建在定义、证明、推论、附注之上,从而让人们更好地"看见"。在这种意义上,斯宾诺莎将论证与看见进行比较。斯宾诺莎在《伦理学》第五部分论点23的附注中说道,"论证是让灵魂能够看见且能够观察的镜片"①。

每一片镜片或每一次论证,都在于看清楚事物原本的真正的样子。然而,看见事物原本的样子,这意味着两重条件:一方面,不再只看到事物自发地呈现在我们面前的样子;另一方面,打开我们的感官,去探索事物无法直接可见的部分。通过光学设备触及远处的无限与微观的无限,意味着我们能够看见肉眼无法察觉到的世界。触及真实命题的证据,是剥离出那个经过长期论证

---

① [荷]巴鲁赫·斯宾诺莎:《伦理学》第3卷,[法]查理·阿普恩(Charles Appuhn)译,巴黎:弗拉马利翁出版社(Flammarion),1966年,第325页。

最终显现的真相。因此,以灵魂之眼看世界,这远远不只是一种隐喻。真理就是一个"看见"的问题。

在斯宾诺莎的例子中我们看到,将智力工作与手工劳动对立起来的偏见不攻自破。

科技的飞速发展非常依赖技术的发明与创新。有趣的是,在光学历史上,人们曾长时间蔑视仪器,认为仪器会让视觉变形。直到 17 世纪,一切才发生了翻天覆地的变化!其实是我们自己的视觉让事实变形。为了让眼睛成为更完美的观察途径,手工业者的双手至关重要。在斯宾诺莎看来,手工如此重要,所以他拒绝使用机器抛光。在一封信中,他提到了荷兰物理学家克里斯蒂安·惠更斯(Christiaan Huygens)设计的镜片制造机,但宣称自己更喜欢手工打磨:"这位惠更斯的时间都被镜片打磨占满了,现在还是,因此他发明了一个挺漂亮的机器,来帮助他给镜片抛光。但是我不知道他最后拿到手的镜片质量怎么样。说实话,我也不太想知道。我的经验告诉我,要给球面镜抛光的话,的确是任何的机器都比不上手工。"[①]

---

① [荷]巴鲁赫·斯宾诺莎:《奥尔登堡书信 32,1665 年 11 月 20 日》(《Lettre 32 à Oldenburg datée du 20 novembre 1665》),载《斯宾诺莎书信集》(*Lettres*)第 4 卷,[法]查理·阿普恩译,巴黎:弗拉马利翁出版社,1966 年,第 238 页。

出于经验，斯宾诺莎甚至没有尝试过使用机器，人们可能会对此感到惊讶。但与此同时，我们也可以清晰地看到，在斯宾诺莎看来，人类工作的确远胜于机械工作。

让我们将悖论之绳拉到头吧：光学不可思议的发展是不是意味着17世纪才是真正的"启蒙时代"，或者至少是真正的"光明时代"？[1]

推荐阅读

《可视的演变：关于17世纪光学仪器的认知论维度》

Philippe Hamou, *La Mutation du visible. Essai sur la portée épistémologique des instruments d'optique au XVIIe siècle*, tome I, Villeneuve-d'Ascq, Presses universitaires du Septentrion, 1999.

《斯宾诺莎的伦理与光学》

Pierre Sauvanet, «Éthique et optique chez Spinoza», *Philosophique. Annales littéraires de l'université de Franche-*

---

[1] 启蒙运动时代法语为 Le siècle des Lumières，其中 Lumière(s) 复数意为智慧、知识、学问，单数意为光、光明。——译者注

Comté, n° 1, 1998, pp. 143-160 (en ligne).

《伦理学》

Baruch Spinoza, *Éthique*, Œuvres III, Partie V, proposition 23, trad. par Charles Appuhn, Paris, Flammarion, coll. «GF», 1966.

《斯宾诺莎书信集》

Baruch Spinoza, «Lettre 32 à Oldenburg datée du 20 novembre 1665», *Lettres*, Œuvres IV, trad. par Charles Appuhn, Paris, Flammarion, coll. «GF», 1966.

汉娜·阿伦特：记者

1933年，哲学家汉娜·阿伦特（Hannah Arendt, 1906—1975）逃离德国。她先是抵达法国，接着去美国，在美国为不同报社工作。从哲学家到记者，阿伦特的转变根植于她的双重经历：一方面是个人的流亡经历，另一方面则是集体的战争经历。

逃离德国之前，阿伦特是一位出色的哲学家。1928年，她完成了博士论文《论圣奥古斯丁"爱"的概念》（*Le Concept d'amour chez saint Augustin*）的答辩。成为记者之后，汉娜·阿伦特始终没有忘记哲学家的身份，她于1951年出版的《极权主义的起源》（*Origines du totalitarisme*）就是极好的证明。但是，以记者的身份写作与以哲学家的身份写作截然不同。对于一名记者而言，重要的是事实的准确性，以及实时阐明事实的能力；而对哲学家来说，更多是在较长的时间维度上思考，并在这一时间基础上将模糊的事件纳入有意义的阐释之中的能力。

危机爆发的年代，就像处于战争时期一样，研究哲学意味着采取一种全新的姿态，意味着另一种思考和表达的方式，以及另一种介入的方式。汉娜·阿伦特的思考对象不再是、也不能再是往常的那些，好像只有在和平年代思考圣奥古斯丁、研究中世纪哲学才有意义。不过，转变的不仅仅是思考对象，写作本身也需要更新。战争暗含的重点与关键主要在于两方面：一方面，尽可能地与变换中的、势必混乱的当下相一致。在战争时期，信息就是武器。事件发生得突然，而获取事实的真相更为困难。另一方面，要想清晰认识发生的事件，就得想方设法地与尽可能多的人交流对话。思想不会被区隔，也不会专属于少数几位专家。需要参与到公众的大辩论之中，滋养大辩论，让大辩论保持活跃。观点不是超越现实世界之上的抽象实体，而是深居现实世界之中，推动着现实世界的转变。战时舆论的敲打力量就是证明。

因此，在从事记者活动时，汉娜·阿伦特致力于将自己的思考运用在她那个时代具有代表性的悲剧事件之上。那些她本人正亲身经历的事件为我们重构了大写的历史。于是,新闻与哲学之间的交汇点便栖身于对事实及对历史事件的关注之中。真正的记者是察觉到大事件中历史之风渐露端倪的人。深刻的哲学家是在不忽略当下事件独特性的基础上,在其历史厚度与整体复杂性之中思考事件的人。

对于汉娜·阿伦特而言,记者的训练是一种将自己的思想置于公众讨论视野之中的有效方式。

汉娜·阿伦特是一位成长于德国的哲学家。因为这一身份,我们有必要关注德国哲学的传统,从康德开始,一直到当代的尤尔根·哈贝马斯(Jürgen Habermas),他们都视公开性为公众讨论的原则。在这一背景下,公开性指的不是大肆宣扬,而是让自己的哲学观点为人所知,并在尽可能广阔的范围中传播的能力。事实在于让一个观点、一种想法、一条信息公开,让它们为人所讨论。这意味着在民主空间中运用理性,而在这样的民主空间中,讨论被定义为论证的思考练习。

作为记者的汉娜·阿伦特就是这样具体地将"广而告之"这一概念付诸实践。因此,这一背景下理解的"广而告之"与我们在社交媒体上运用的广告意思相反,因为后者更多属于"反广而告之"的范畴。给出自己的观点,或者用一些字句表达自己的喜好,这并非参与到公众讨论之中。广告,不是病毒式传播。公众参与与否,不是由网页上的浏览量决定的,而是由论证的质量决定的。从这一视角来看,新闻工作的多元制具有某种哲学意味。

汉娜·阿伦特撰写对当代问题表态的文章,引发了一些激烈的讨论,其中最为著名的是1961年关于艾希曼审判的文章。人们批评阿伦特将艾希曼普通化,只是简单地将他视作一个因循守旧的官僚。从那以后,历史学家们证明了艾希曼是毋庸置疑的活跃纳粹分子。阿伦特还支持"犹太居民委员会",因而被认为与纳粹合作。如今,有的历史学家认为,在对于现实抱有较为片面的认知的前提下,这些"犹太居民委员会"成员的确曾试图减轻他们所管辖社区内居民的痛苦。

无论有着怎样的困难或痛苦的争议,没有人能够否认汉娜·阿伦特在提出假设与寻求讨论中展现出了一种智力层面上真正的勇气。

汉娜·阿伦特也面临着美国社会的质疑,她的立场常常被讨论。

1957年,美国最高法院结束了学校里黑人与白人学生的种族隔离。这一决定引发了美国南部的强烈抗议。小石城的9个年轻黑人学生在开学当天遭到暴力袭击。然而,在《异议》(*Dissent*)杂志上发表的一篇文章中,阿伦特批评了最高法院的决定。她当然反对种族隔离,但是她认为如果9个黑人学生被迫去不想接收他们的学校上学,那么他们必定会遭到不公的对待。这一争论同样非常复杂。

让我们将悖论之绳拉到头吧:阿伦特常常引用亚里士多德的观点,认为人类事务中"大部分情况下会发生的事情"都是真实的事情。但是阿伦特更喜欢思考特例。哲学家阿伦特研究的案例都较为普遍,而记者阿伦特研究的个案则更为晦涩与复杂。

推荐阅读

《小石城的反思》

Hannah Arendt, «Reflections on Little Rock», *Dissent*, vol. 6, n° 1, hiver 1959, pp. 45-56 (texte en ligne).

《艾希曼在耶路撒冷》

Hannah Arendt, *Eichmann à Jérusalem. Rapport sur la banalité du mal* [édition américaine originale 1963], trad. par

Anne Guérin-Henni, Paris, Gallimard, coll. «Folio-Histoire», 1991.

《汉娜·阿伦特,小石城及社会中立的问题研究》

Michel Fabre, «Hannah Arendt, Little Rock et la question de la neutralité scolaire», *Éducation et socialisation. Les Cahiers du CERFEE*, n° 64, 2022 (texte en ligne).

《"最终解决"行动:面对反对者的汉娜·阿伦特》

Géraldine Muhlmann, «Le comportement des agents de la "solution finale". Hannah Arendt face à ses contradicteurs», *Revue d'histoire de la Shoah*, vol. 3, n° 164, 1998, pp. 25-52.

《为了事实》

Géraldine Muhlmann, *Pour les faits*, Paris, Les Belles Lettres, 2023.

第欧根尼：伪币制造者

犬儒学派的第欧根尼(Diogène，约公元前404—前323年①)一生中不停地进行着反惯例与反传统的行动与思考。生活在社会边缘，这在他看来意味着以真实存在的方式活着。与社会成见及虚假伪装的斗争甚至将他带向了伪币制造者这一工作。矛盾的是，对于这位反常规的哲学家而言，制造伪币依然是保存真之价值的一种尝试。

如今，关于第欧根尼这位公元前4世纪的哲学家，

---

① 本书对哲学家生卒年的校订以《辞海》《中国大百科全书》等国内权威工具书为准。法语原版中第欧根尼的生卒年为：约公元前413—约前323年。

我们知道更多的是他边缘化的生活和他传说中的蛮横。第欧根尼,也被称为犬儒主义者,他生活在一个木桶(tonneau)之中,更准确地说,是一个 pithos 之中,也就是一种用于保存粮食或放置用于发酵的葡萄汁的巨大的容器。提起第欧根尼,我们还会提到他对来看望他的亚历山大大帝的谩骂:"不要挡着我的阳光!"生活在木桶之中,朝着马其顿的国王骂骂咧咧,这些都让我们看到第欧根尼是多么蔑视传统!因此,我们可以想象,他从事的工作必定不会是循规蹈矩的。相比于和父亲希塞西奥斯一样成为银行家,第欧根尼宁愿成为一位伪币制造者。这是很多文献资料告诉我们的,尽管其中可能包含一些杜撰的成分。

制造钱币是一门需要一定灵巧性的艺术。古希腊钱币都由金属制成,当时纸币还不存在。有两种不同的制币方法,或者说有两种伪造的方式来制造假币。第一种方法更具技巧性,主要是通过改变合金的成分来降低金的百分比。第二种则是在交易中弄虚作假,制造假的印记(用以辨别硬币价值的标记)。具体来说,比如,伪币制造者会用印有"80%"的印记给实际上贵金属含量只有50%的硬币上印。总的来说,要不就改变造币的材质,要不就改变印出来的价值。

在我们所掌握的所有文献,以及学者第欧根尼·拉尔修(Diogène Laërce)——不要和这一章节的主人公锡诺帕的第欧根尼(Diogène de Sinope)混淆——为我们引证的文献中都可以看到,犬儒主义者可能去见过圣贤,打听自己应该如何生活。圣贤可能曾对他说:"去改变 *nomisma* 吧!"然而,在希腊语中,*nomisma* 一词既有货币的意思,也有传统、习俗、道德的意思!

因为其生活方式,第欧根尼超越了那个时代的传统习俗。通过制造伪币的活动,他又在狭义上改变了货币……如果第欧根尼因为他"铿锵又粗野"的表达方式而出名,那么他制造出的假币则显得不够为人所知了。

这一制造假币的实践很好地反映了真与真实之间的区别。

真实的不一定是真的,因为假币同样是实实在在的、触手可及的存在。尽管如此,在我们构建的传统"货币"层面上,假币不是真的,或者说,假币并不具有它假装具有的价值。

然而,就像历史学家告诉我们的一样,第欧根尼的时代,城邦本身就已经在通过减少官方货币中贵金属含量的方式进行不正当交易。因此,人们手中真实的货币,却是假币,因为货币上标明的价值与硬币的实际价值不符。

"真实但却假",这就是令犬儒主义者陶醉其中的表达!哲学家想要反对的正是这种虚伪的形式。他对传统的拒绝不应该被理解为以自我的方式生活的欲望,也不应该被理解为对他人的蔑视。当他说"像狗一样地生活",他指的是放弃生活在一个所有价值都已腐坏的陈旧社会的世界之中。要理解犬儒主义者的悖论,我们应该回想"犬"字的词源意义,而伪币制造的实践必然在于道德的真实性及道德的伟大性。第欧根尼首先是一个被价值的反转激起愤慨与反感的人,特别是经济价值。他惊讶地看到,生存必需的东西价格不贵,比如小麦,然而无用又多余的东西可能会卖到夸张的价格,比如珠宝。第欧根尼当然不是生活必需品超级通胀的拥护者,他只是以哲学家的身份揭露经济的矛盾。就任何逻辑层面而言,富余都不如必要有价值。然而,这是智力表达,而非政治表达。

通过行动与例证,第欧根尼向我们展现出经济是一种传统的科学,而对于这种科学而言,真实并非一种恰当的衡量标准。

他想要揭露的,是建立在奢侈与金钱之上的社会所催生的不公与奴役。

第欧根尼令人难以置信的人生中,还有另一件轶事让我们认识到伪币制造者与哲学家的身份是怎样合二为一的。

在被强盗抓走后,他可能对其中一个要把他卖掉为奴的人说:"把我卖给一个寻找主人的人。"对第欧根尼来说,制造伪币同样是一种保住自由、不为社会秩序左右的方式。

让我们将悖论之绳拉到头:对于锡诺帕的第欧根尼而言,在货币中掺假,目的并不在于发财,而在于通过揭发他那个时代经济的不端与不公,从而给人们一次真正的实际的"教训"。为了揭发真相,这位独特而扰人的哲学家选择了制造假币而非发表长篇大论。

推荐阅读

《希腊思想中的社会边缘人:关于犬儒主义传统》

Maxime Chapuis, *Figures de la marginalité dans la pensée grecque. Autour de la tradition cynique*, Paris, Classiques Garnier, 2021.

《货币衡量什么?亚里士多德、第欧根尼和柏拉图或政治视野中的货币公约》

Étienne Helmer, «De quoi la monnaie est-elle la mesure? Aristote, Diogène et Platon ou la convention monétaire dans l'horizon du politique», in *Cahiers d'économie politique*, vol. 1, no 72, 2017, pp. 7–26.

《著名哲学家的人生与学说》

Diogène Laërce, *Vies et doctrines des philosophes illustres*, livre VI, éd. de Marie-Odile Goulet-Cazé, Paris, Le Livre de Poche, coll. «La Pochothèque», 1999.

《假钞何时成为有效货币》

Olivier Picard, «Quand la fausse monnaie est prise pour argent comptant», in *Dossiers d'archéologie*, «Vrai ou faux?», no 312, avril 2006, pp. 50–55.

伊夫·居赛：喜剧演员和脱口秀演员

哲学家伊夫·居赛（Yves Cusset，生于1972年）在成为脱口秀演员之后仍然继续着哲学家的工作，通过舞台场景思考哲学的重大问题。喜剧不再仅仅是思考对象，更是思想的一种创造模式和存在模式。

表演喜剧，或是成为小有名气的脱口秀演员，这对哲学家来说并不寻常。哲学不是一件严肃的事情吗？我们自然而然地认为"笑"更多地被视作严肃的反义词。诚然，对哲学家而言，"笑"可能是思考的对象。比如，柏格森的作品《笑》(*Le Rire*)或是康德《人类学》(*Anthropologie*)中关于"笑"这一现象的思考。对于哲学家而言，"笑"首先是一种人类学和社会学现象，应该将"笑"作为一种现象来研究。从"人是一种爱笑的动物"这一普遍命题出发，哲学家可以推导出多种多样的结论。哲学家也对笑的不同形式感兴趣（嘲笑、讥讽、喜剧重复等），但是他们往往不会对笑本身感兴趣，也不会对让我们发笑的东西感兴趣。将笑作为思考的对象，这与令人捧腹和引人发笑毫无关系。当尼采断言"不能令人放声大笑的真理都应该被视作虚假"[1]时，我们会发现，就像伊夫·居赛写的那样，这样的论断并没有真正地将逻辑层面上让笑变得虚假的东西归于笑的范畴。

从很小的时候开始，伊夫·居赛就展现出了逗人开心的需要，虽然他将自己视作一个悲伤又无聊的小孩。14岁时，他非常喜欢的一位女孩邀请他去巴黎分号喜剧俱乐部（Point Virgule）看演出。在现场，他甚至忘掉了女孩的存在。居赛就这样与喜剧相遇，从此再未分离。与此同时，他继续着自己的哲学学业，并于2000年完成了关于尤尔根·哈贝马斯的博士论文的答辩。

---

[1] ［德］弗里德里希·尼采（Friedrich Nietzsche）：《查拉图斯特拉如是说》（*Ainsi parlait Zarathoustra*），《尼采全集》（*Œuvres complètes*）第3卷，巴黎：伽利玛出版社（Gallimard），2023年，第186页。

表面上,"笑"作为一种人人经历的体验,应该被排除在哲学活动之外,因为哲学活动要求严肃性与距离感。但是,实际上,哲学与喜剧—脱口秀这两种活动并非如此割裂。

一开始,伊夫·居赛从事的两种活动以平行线的方式各自进行。但是,从2002年他撰写第一部戏剧《替代人》(*Le Remplaçant*)起,居赛逐渐将两个维度结合起来。哲学成了为喜剧服务的材料。借用帕斯卡的话说,他不仅仅"通过嘲笑哲学"的方式思考哲学,还以哲学的方式涉及诸如死亡等非常严肃的话题,以此逗笑观众。因此,伊夫·居赛不满足于将"笑"变为思考对象,他也将"笑"作为一种思想经历去体验,同时让他人去体验。

说到底,爆发大笑不也是哲学惊异的近邻吗?因为笑往往源于一种意料之外。当我们将一个梗或是一个包袱称为"预期违背"时,我们想要表达的就是这个意思。

我们要补充的是,传统哲学并没有完全排除"笑"这个命题。通过悖论来实现推理是具有代表性的例子,其反驳的目的可能包含绝妙的喜剧效果。举个例子:"不能杀死你的让你变得更强大。因为蠢事不会杀死你,所以蠢事让你更强大。但是'蠢事让人强大'这种说法不对。因此'不能杀死你的会让你变得更强大'也不对。"

做喜剧,是表演另一个人。然而,通常来说,我们在哲学家话语中期待听到的是他本人。

表面上,喜剧人的游戏与哲学家备受期待的真实性要求难以契合。但实际上,喜剧人的工作首先是,也特别是一种自我区隔的体验。从这一视角出发,表演另一个人,同时也是实现自我的偏移。同样,笑不仅让我们与事物保持距离,也让我们得以从不同的、别处的角度出发,去思考与理解我们周遭的事物。与之相对应,从事哲学、思考事物的意义,不一定意味着冰冷或淡漠的态度。

让我们将悖论之绳拉到头:脱口秀演员的工作和哲学家的工作一样,都在制造令人惊讶的效果。但是,这些令人惊讶的效果却以相反的方式实现。脱口秀演员制造的令人惊讶的效果是一个过程的终点。我们在听完短小喜剧或笑话段子之后会笑。然而哲学家的惊奇所引起的惊讶效果则是思考的起点,是惊异开启了思考。"预期违背"对于喜剧人而言是结论,但对于哲学家来说则是开始。

推荐阅读

《笑》

Henri Bergson, *Le Rire*, Paris, PUF, coll. «Quadrige», 2004.

《替代人》

Yves Cusset, *Le Remplaçant*, Paris, Le Jardin d'essai, 2005.

《还未出生》

Yves Cusset, *N'être pas né*, Paris, La Librairie théâtrale, 2014.

《笑的哲学论》

Yves Cusset, *Rire. Tractatus philocomicus*, Paris, Flammarion, 2016.

《一举获得人生成功》

Yves Cusset, *Réussir sa vie du premier coup*, Paris, Flammarion, 2019, ᵉ édition en poche chez Litos en 2023.

帕斯卡：公共交通承包商

冉森教哲学家布莱士·帕斯卡（Blaise Pascal，1623—1662）不仅关心通往信仰的道路，也关心从卢森堡公园走向皇家广场的道路。

1662年巴黎诞生的第一个公共交通系统得归功于帕斯卡。这个名为"五元马车"（这里的"元"指的是那个年代的货币单位"苏"）的系统在某种程度上来说就是巴黎大众运输（Régie Autonome des Transports Parisiens，RATP）的前身。当我们把计算机的发明和最初的计算器都归功于帕斯卡时，也不要忘记，这位工程师哲学家同样革新了我们在城市中日常出行的方式。

和建立在非常复杂的技术装置基础上的计算机相

反,"五元马车"的发明相对来说简单许多。17世纪时已经存在往返于城市间的交通网络。但是这次的新想法,也就是帕斯卡既简单又聪明的想法,在于将城市之间的交通网系统转移并在城市内部的日常出行活动之中实施。于是,每天早7点到晚8点之间,巴黎城内5条交通线相互连通。巴黎人,或者说,至少是富裕的资产阶级的巴黎人,得以穿梭在皇家广场(也就是今天的孚日广场)、卢森堡公园、圣洛克教堂之间。不过,车站彼时还不存在,需要向马车驾驶员招手示意。马车由两匹马拉动,可以承载并运送至多8名旅客。

因此,一边是工程师和发明家帕斯卡,另一边是严肃的冉森教、道德家、宗教哲学家、科学论文作者帕斯卡。

实际上,帕斯卡的很多活动都和他的思想紧密相关,包括神学思想和宗教思想。帕斯卡是数学家,是第一台计算机的发明者,也是著名的"帕斯卡赌注"[①]的提

---

① "帕斯卡赌注"是一个哲学论证,它建议个人应该相信上帝或信奉宗教,因为潜在的好处(永恒的奖励)超过了不信仰的风险(永恒的惩罚)。该赌注假定信仰或不信仰上帝的后果是无限且永恒的,这使其成为一个高风险的决定。帕斯卡的论点集中在选择相信上帝的存在。它表明,即使信念是不确定的,人们也应该选择相信以获得潜在的回报。该赌注采用理性和概率的方法,比较信仰上帝与不信仰上帝的潜在收益和损失。——译者注

出者，为相信上帝提供了数学理由。作为一个会计算成本、利润和风险的优秀承包商，帕斯卡会运用概率的计算来证明，"相信上帝"是理性的，或者说是有利的。如果上帝不存在，那么相信上帝对我们来说没有损失任何成本。但如果上帝存在而我们不相信上帝，那么从我们彼世的得救开始将会失去一切……

帕斯卡的所有含混性与复杂性都在于这种悖论：一位基督教的狂热信徒既将自己的人生献给上帝，却又理性得如同一位经济学家。

"五元马车"的发明让帕斯卡赚得盆满钵满，但却不符合我们对一位有信仰之人的印象，我们以为有信仰之人会远离物质财富。同样具有矛盾性的是，作为工程师与承包商的帕斯卡还是广告代理人，会关心其项目在商业上的成功。帕斯卡的表达能力堪比如今的市场营销，他设计了用于保障推广其公共交通系统的广告牌。"为了从一处到另一处"，彼时我们可以在巴黎的街道上读到这样的广告词。6年前，同样是因为这种表达能力与公关能力，帕斯卡的《致外省人信札》(*Lettres provinciales*)大获成功，堪称名副其实的反耶稣会神学与道德的论战性作品。因此，在某种意义上，这一悖论可以理解。

帕斯卡寻求的，是让人生变得更简单，或者至少让人生更符合逻辑。通过算数机器将计算变得更简单，通过"五元马车"让出行变得更简单，通过法语而非拉丁语写作，让阅读其思想对尽可能多的人来说变得更简单。

"您想要走向信仰却不知道路在何方？"帕斯卡询问那些不相信上帝的人。为此，《思想录》(Pensées)的作者给出了"帕斯卡赌注"这一观点。

"您想要从索邦去圣安东尼？"他可能会这样问巴黎男人与巴黎女人。为此，帕斯卡发明了公共交通系统。

让我们将悖论之绳拉到头：开辟道路为了让出行简单，鼓励人们通过信仰实现良好的精神生活，无论在哪个方面，帕斯卡都在调度人类的来往。通过"五元马车"调度身体的来往，通过信仰来调度灵魂的穿行。

推荐阅读

《五元马车：企业家帕斯卡》

Éric Lundwall, *Les Carrosses à cinq sols. Pascal entrepreneur*, Paris, Éditions science infuse, 2000, préface de Jean Mesnard.

《帕斯卡全集》

Blaise Pascal, *Œuvres complètes*, tome IV, éd. de Jean Mesnard, Paris, Desclée de Brouwer, 1992, dossier complet sur les carrosses à cinq sols, pp. 1374-1439.

塞涅卡:"皇帝的朋友"

  罗马帝国时期斯多葛主义伦理学说的著名代表哲学家塞涅卡(Sénèque,公元前4—公元65年)同时也以尼禄皇帝顾问的身份穿梭在权力的帘幕之中。

  公元前4年,塞涅卡生在古罗马殖民地西班牙科尔多瓦的一个富裕家庭,他度过了坎坷动荡的一生。年轻时的塞涅卡多病且抑郁,为了休养去了埃及。他在那里待了6年。之后常常出入罗马政界。40岁时,他流亡科西嘉,被指责与卡利古拉皇帝的妹妹犯下了通奸的罪行。公元49年回到罗马时,他成了后来的皇帝尼禄的家庭教师。后来,塞涅卡又成了尼禄皇帝的"朋友",也就是皇帝的顾问。

塞涅卡的生活令人惊异。如果我们抛开他晚年失宠、不得不自尽的结局不谈,他的人生历程完全算不上是一场悲剧。悲剧之中,主人公通常会从幸福的生活走向不幸的生活。但塞涅卡的人生是从疾病、流亡和受到挫败的野心组成的黑暗,走向担起"君王的朋友"这一崇高职责的光明。

虽说是光明正大,但顾问的工作其实更多是一种影子职业。在皇帝的决定中引导他,帮助皇帝阐明他的判断,这些活动和他一开始从事的家庭教师的职业接近,也和他哲学家的身份相似。在家庭教师、哲学家、君王的朋友这三位一体的身份中,每一重身份都在于运用判断,比较观点,从而试图找到最优的理论。但是,处在三位一体的身份核心的不仅是理论,而且有实践范畴。培养一个小孩,钳制住一位因为发怒而出名的僭主的暴脾气,同样需要暗中行动,从而防止最糟糕的事情发生。

皇帝顾问的职业对于一个斯多葛主义哲学家来说格外令人惊讶,因为我们可能会认为这种哲学倾向于与所有困扰的源头保持距离。

如果人类世界中有这样一个领域,永远无法逃开风波与动荡,那就是政治。然而,斯多葛主义却建立在一个牢固的原则之上:为了幸福,为了达到心神的安宁,实现没有困扰的人生,就需要坚守取决于我们的东西(*ta éph' hēmin*),而拒绝不取决于我们的东西(*ta ouk éph' hēmin*)。

在塞涅卡的例子中,这一原则似乎两次遭到破坏。一方面,政治影响的是不取决于我们的事情(社会和经济形势、内部威胁、潜在的冲突和战争);另一方面,为皇帝做顾问,意味着要想方设法地去影响他人的意愿。

但是,从另一个角度来看,顾问的职业又和塞涅卡的哲学完美结合起来。他给鲁基里乌斯的信中关于哲学的定义就是证明。他写道:"哲学,就是好建议。"①

好的建议不仅仅是中肯的观点。给出一个好建议,也要采用恰如其分的语气。以好的方式给出建议,得知道不要说得太多。因此,既需要好好安排自己的话语,又要知道如何控制情绪。"好建议永远不能用饱满的嗓音说出",塞涅卡写道。形式与内容一样重要。建议的质量取决于其效果。一个建议即便中肯,但如果没有人

---

① [古罗马]塞涅卡:《塞涅卡道德书简:致鲁基里乌斯书信集》(*Entretiens. Lettres à Lucilius*),巴黎:罗伯特·拉丰出版社(Robert Laffont),1993年,第689页。

听从这个建议,那这就不是一个好建议。就像这位哲学家在信中写道:"话语不应过量,而应有效率,从而进入人心,更易令人印象深刻。"①

因此,与世界的动荡保持距离,并不意味着将自己从人生中抽离出来。相反,君王的朋友是深思熟虑的顾问,更需要将自己的智慧与对时代社会与政治形势的敏锐而犀利的认知结合起来。塞涅卡了解人性,了解吞噬人性的冲动。这种了解不仅是理论性的,而且从其政治经验中获取养分。

塞涅卡不仅仅是政客,也是政治思想家。

我们常常将塞涅卡的哲学总结归纳于伦理和道德范畴。然而,他还是物理学论文《自然问题》(*Questions naturelles*)的作者,在论文中他的分析对象包括似乎会影响自然秩序的现象,比如地震。

在政治文章中,最具代表的是《论善行》(*Des bienfaits*),这部作品是关于古罗马社会中社会关系的思考。另外,我们认为《化身葫芦》(*Apocoloquintose*)这部在克劳狄乌斯皇帝死后出版的关于其恶行的尖刻讽刺文章也是塞涅卡的作品,卢梭将这篇文章译为法语。法

---

① [古罗马]塞涅卡:《塞涅卡道德书简:致鲁基里乌斯书信集》,巴黎:罗伯特·拉丰出版社,1993年,第689页。

语版本的文章标题用了新造词 Apocoloquintose,这个词借用了古罗马的 colocyntha 一词,指一种植物,即葫芦,主要用于制造瓢。因此我们可以明白,这种类比并不讨人喜欢。

有趣的是,他的代表作《塞涅卡道德书简:致鲁基里乌斯书信集》是在他晚年离开了政治生活之后结集而成的。历史学家保罗·韦纳(Paul Veyne)对这部作品有着引人入胜的解读,他认为这部作品是"政治反抗的书写"。

让我们将悖论之绳拉到头:塞涅卡是斯多葛主义的大哲学家,却为尼禄这样一位杀害自己母亲小阿格里皮娜和继弟布里坦尼库斯的皇帝做顾问。他没有逃走,而是不停地试图将尼禄带回理性。这是他让自己保持理智的伟大方式。

推荐阅读

《塞涅卡作品中的社会关系:城中人》

Stéphane Benoist, «Les rapports sociaux dans l'œuvre de Sénèque: l'homme dans la cité», *in* Michel Molin (dir.) *Les Régulations sociales dans l'Antiquité*, Rennes, PUR,

2006, pp. 55-70 (en ligne).

《塞涅卡与尼禄》

Jean-Michel Croisille, «Sénèque et Néron», *Vita latina*, n° 140, 1995, pp. 2-12.

《塞涅卡道德书简：致鲁基里乌斯书信集》

Sénèque, *Entretiens. Lettres à Lucilius*, éd. de Paul Veyne, Paris, Robert Laffont, coll. «Bouquins», 1993, et la longue préface de Paul Veyne.

马修·克劳福德：机修工

马修·克劳福德(Matthew Crawford，生于1965年)一边修理摩托车，一边撰写极具力量的哲学作品。这种良性循环连接了两种活动，与物质问题的对抗最大限度上打磨了他的思想。

在概念、钳子和螺丝刀之间打转，这就是美国哲学家马修·克劳福德的日常。在完成物理本科与政治哲学的博士学业之后，克劳福德在华盛顿一个基金会任经理一职。在这个介于政治与经济之间的智库中，哲学家逐渐感到厌倦无趣。更糟糕的是，他感到自己无用，整天把时间花在操纵他所谓空想的事情之上。就像他在《摩托车修理店的未来工作哲学》中写到的那样，"操纵空想,这不是真正的思考"①。

在他看来,管理的逻辑并未在所有领域中都成体系,因而导致了从事脑力劳动的职业的降级。我们今天所经历的,可能与泰勒制②飞升之后给从事体力劳动的职业带来影响及破坏的改革类似。

于是,马修·克劳福德决定离开自己碌碌无为的办公室,开了自己的修车厂。通过修摩托和汽车,他和现实重新建立了联系。完全处在现实之中,意味着直面对抗,战胜阻碍。对此,机修工的职业每一项都占了:这份职业的日常,将他准确地放到了要时时面对机能障碍、卡壳和松脱的位置上。

对于机修工而言,这些问题或多或少都易于解决。换掉报废的刹车片对他来说没有多大的困难。但同时,他也面临着更令人生畏的问题,这些问题让他不得不做

---

① [美]马修·克劳福德:《摩托车修理店的未来工作哲学》(*Éloge du carburateur. Essai sur lesenset la valeur du travail*),[法]马克·圣乌佩里(Marc Saint-Upéry)译,巴黎:发现出版社(La Découverte),2010年,第55页。
② 泰勒制(Taylorism)由美国工程师弗雷德里克·泰勒(Frederick Winslow Taylor)在19世纪末20世纪初创造的一套工作方法和管理体系,核心在于通过科学分析劳动过程中的机械动作,研究出最经济且生产效率最高的"标准操作方法",并通过严格挑选和培训工人,制定出合理的劳动定额和差别计件工资制度,以提高企业的生产效率。——译者注

出重要的决定。比如,马修·克劳福德讲述了一个发动机漏油的例子。这个问题可以是个小问题,比如说只是机匣泄漏。但这个问题也可能更严重,可能必须要完全拆开发动机。在这个例子中,马修·克劳福德写道,"最好放下问题,将受罪的摩托车搁置一边,当成一堆拆散的零件"①。

机修工的工作首先在于识别问题的性质。接着,机修工要给出诊断。最后,需要机修工提出假设并给出解决方案。

我们中的很多人在面对车辆故障的时候都会感到手足无措。我们会意识到自己的无能为力。事物构成的物质世界在抗拒我们。哪怕是最微不足道的问题,一旦出现,我们就会面临现实的考验,开车在路上的时候误以为自己无所不能的幻觉在这一刻都崩塌了。爆了一个胎,我们就仿佛失去了所有。对于马修·克劳福德而言,这样不知所措的状况教给我们一些关于我们与世界的关系的认识。运用事物,消耗事物,并不意味着掌控事物。当我们能够照料我们使用的东西时,真正的能力才能得到衡量。不过,照料并不仅仅意味着一切正常

---

① [美]马修·克劳福德:《摩托车修理店的未来工作哲学》,[法]马克·圣乌佩里译,巴黎:发现出版社,2010年,第55页。

时精心打扮自己的摩托车或者小轿车。照料也意味着当东西不起作用时我们能自己修好它们。

但是修车或者修摩托需要一定的专门技术。出于显而易见的安全因素,把修车的工作委托给专业人士显然更令人放心。克劳福德显然不是在说每个人都要自己修自己的车,否则的话他的修车厂就要关门大吉了。他想谈论的是我们与世界的抽象关系。

消费主义与知识经济结合起来,蔑视体力劳动,重视脑力劳动,它暗示了人们在与事物的有形关系之中投入得越来越少。

我们对事物的使用正减缩为消费活动。如果某个东西不好用了,我们倾向于买个新的替换掉。我们和机修工不同,机修工对事物感兴趣的时刻正是这些东西不好用的时刻,而普通消费者只在东西能用的时候才对其感兴趣。

在克劳福德看来,我们面对事物时的被动与依赖让我们愈发变得"愚蠢"。我们智力的发展应该与接触事物息息相关。克劳福德并不是在鼓励所有人都从事机修工的工作。不过,他邀请我们重新与我们的环境建立联系,这个环境指的是人类进化的物质世界。无论我们从事什么样的职业!修摩托、打毛衣或是整理花园都能让我们更好地感知到周遭的、参与到我们存在之中的事物。

修摩托车之类的手工活动能够让我们的注意力变得格外敏锐,让我们在更广阔的层面上意识到其他活动的价值。机修工也能够意识到钟表匠或农民的工作的价值。

更宽泛地说,克劳福德希望借此呼唤"一种维修或维系的道德",这种道德的关键是存在性,目标在于"找回我们丢失的世界",而这正是他的作品《工匠哲学》(*Contact*)法译本的副标题。

对于马修·克劳福德而言,做实实在在的事会让哲学得到发展。

机修工—哲学家将思想联系带回了其最初的源头:体验。马修·克劳福德不满足于在肯定每种艺术合理性的同时展现七艺与机械艺术的传统对立。他走得更远,指出机械艺术推动了思想工作的发展。问题意识,严肃对待事物之反抗的能力,注意力的认知优越,这些都以某种方式让修摩托车变成了一种哲学活动。

通过修摩托车,机修工不仅仅是在照料事物,他也在照料自己,以及自己与世界的关系。

让我们将悖论之绳拉到头：如果说，没有什么地方比我们与物质及行动的具体关系之中更适合思想的展开，那么完美的哲学家就不应是一位离群索居的智者，而是修车厂里把头埋在油污中的人。

推荐阅读

《摩托车修理店的未来工作哲学》

Matthew Crawford, *Éloge du carburateur. Essai sur le sens et la valeur du travail*, trad. par Marc Saint-Upéry, Paris, La Découverte, 2010.

《工匠哲学》

Matthew Crawford, *Contact. Pourquoi nous avons perdu le monde, et comment le retrouver?*, trad. par Marc Saint-Upéry et Christophe Jaquet, Paris, La Découverte, 2016.

《当放弃了方向盘，我们失去了什么》

Matthew Crawford, *Prendre la route. Une philosophie de la conduite*, trad. par Marc Saint-Upéry et Christophe Jaquet, Paris, La Découverte, 2021.

埃米莉·沙特莱:物理学家

我们更熟悉她"沙特莱侯爵夫人"的称呼,知道她是伏尔泰的情人、牛顿作品《自然哲学的数学原理》(*Principes mathématiques de la philosophie naturelle*)的译者。但是除此之外,我们还应该了解作为哲学家和一部重要科学著作作者的埃米莉·沙特莱(Émilie du Châtelet,1706—1749)。

埃米莉·沙特莱,主要因为翻译了牛顿的《自然哲学的数学原理》或是当过伏尔泰的情人而出名。人们通常称她为"沙特莱侯爵夫人",这遮掩了她的独特性和她的原创性。实际上,她以本姓——更准确地说是以本名——撰写了许多作品,比如1740年出版的《物理学教本》(*Institutions de physique*),她去世多年后出版的《论幸福》(*Discours sur le bonheur*, 1779),一部《色彩论》(*Traité sur les couleurs*),一部《耳解剖》(*Anatomie de l'oreille*)和一部《眼解剖》(*Anatomie de l'œil*)。

将沙特莱的活动限于翻译,这不仅仅是否认她的作品,也是误解她的翻译活动,因为翻译不仅仅是忠实地将他者的论述转写,也是与译介的作者对话。

翻译牛顿的作品,并不是在他面前隐身,而是成为他学识渊博又消息灵通的对话人。

埃米莉·沙特莱的科学哲学的不同之处在于结合了科学史上针锋相对的两种思想运动:一方面是莱布尼茨的形而上学,另一方面是建立在对假设想象的拒绝之上的牛顿物理,"我不做假设"。

然而,埃米莉·沙特莱证明自然现象的研究、物理研究,需要一些从形而上学继承下来的原则的协助。首先是莱布尼茨的充足理由原则,根据这一原则,一切都有一个原因,"任何事物的产生都需要充足的理由,一切事物都必须有一个充足的理由来解释它为什么是这样而不是那样"[1]。因此,莱布尼茨和牛顿这两位所谓的

---

[1] 《莱布尼茨给阿尔诺的信 1686 年 7 月 14 日》(«Lettre de Leibniz à Arnauld du 14 juillet1686»),载[德]戈特弗里德·威廉· (转下页)

"劲敌"并非那么势不两立。对真理的寻求既需要求助于实验和观察，也需要智力的理性活动。铸造假设，并让假设经受现实的考验。就像埃米莉在《物理学教本》中写到的那样，科学不能跳过假设。科学需要假设就像搭建房屋需要脚手架，因为假设是思想的脚手架。

埃米莉·沙特莱致力于定义科学及科学方法的原则。她同时采用了科学与认知的手段。

定义科学性的条件，是身处于研究之前，为了之后能够投入其中。在寻找真理之前，需要确定引导研究的方法。埃米莉·沙特莱采用的始终是哲学方法，她不仅仅是一位科学哲学家：她是一位完全意义上的哲学家。在《物理学教本》的前言中，她审判了被她称作"宗派精神"的一种知识分子态度，因为这种态度令人在自己的立场与观点中故步自封，所以在她看来，这更准确地说是一种"反知识"的态度。在一个自主思考得到提倡的时代，埃米莉·沙特莱坚决地拒绝了任何形式的教条主义，也拒绝了任何形式的权威。真理没有名字，即便是牛顿也不能为科学冠名，科学的多面性也意味着我们不

（接上页）莱布尼茨（Gottfried Wilhelm Leibniz）：《形而上学论述及与阿尔诺通信》（*Discours de métaphysique et correspondance avec Arnauld*），巴黎：弗兰出版社（Vrin），1970年，第122页。

应该出于爱国的原因盲目地站某个作者的队。理性没有国境线。还要补充的是，真理同样没有性别，女人在科学研究中同样有着一席之地，就像所有其他领域一样。

但是，自主思考并不意味着独自思考。恰恰相反，自主思考意味着与我们的前人与同侪保持对话。因此，她的工作不是编纂他人的作品然后做出总结。她与莱布尼茨、沃尔夫、牛顿这些作者对话，同时也与他们交锋，从而更好地构建自己的思想。她说，即便是一本烂书，也可能从中汲取好的内容。相应地，所有好书总也包含着某些有待推敲的词句。

埃米莉·沙特莱认为"宗派精神"的对立面是理性精神。在那个以平等与自由自鸣得意却将平等与自由排除在科学之外的时代里，人们恰恰否认着女性身上的理性精神。

让我们将悖论之绳拉到头：因为性别的自傲，在人类历史中，男性无视女性，扼住她们的喉咙。在这样的背景下，我们更强烈地感受到埃米莉·沙特莱是科学和思想历史上怎样闪闪发光的一位创造者、哲学家和学者。她如此闪耀，却被遮蔽在男性的影子之中。但是如今，是时候听见她的声音。没有偏见，只有理性。

推荐阅读

《物理学教本》

Émilie du Châtelet, *Institutions de physique* [1740], Paris, Dunod, 2005.

《自然哲学的数学原理》法译本(沙特莱译)

Émilie du Châtelet, traduction des *Principia mathematica philosophiae naturalis* d'Isaac Newton, éd. de Michel Toulmonde, Ferney-Voltaire, Centre international d'étude du xviiie siècle, 2015.

《莱布尼茨—牛顿主义：18世纪上半叶复合自然哲学的构建，埃米莉·沙特莱介于假设与实验之间的方法》

Anne-Lise Rey, « Le leibnizo-newtonianisme: la construction d'une philosophie naturelle complexe dans la première moitié du XVIIIe siècle. La méthode d'Émilie du Châtelet entre hypothèses et expériences », *Dix-huitième siècle*, n° 45, 2013, pp. 115-129.

《科学史杂志》专刊《埃米莉·沙特莱：科学的哲学》

Anne-Lise Rey (dir.), *Revue d'histoire des sciences*, n° 74-2, numéro « Émilie du Châtelet, philosophe des sciences», Paris, Armand Colin, 2021.

蒙田：市长

《随笔集》(*Essais*)的著名作者米歇尔·德·蒙田(Michel de Montaigne, 1533—1592)于1581—1585年在非自愿的情况下成为波尔多市长。不过,在他尽心履行市长职责的同时也没有完全沉醉于公共事务,而是给自己保留了一些自由空间,他将这种自由空间称作"店铺后面的小房间"。

1581年8月1日,蒙田被选为波尔多市长,彼时波尔多约有4万居民,是法国第五大城市。

那个时期的市长选举分为两个阶段。首先,由6位市政官吏投票选出市长。市政官吏是贵族、资产阶级和律法人士(即律师及法官)的代表;然后,由法国国王批准选举结果,任命市长。彼时的法国国王是亨利三世。

但是,蒙田当选波尔多市长的过程与众不同。蒙田当时没有参加竞选,自然也没有当市长的意愿。就他个人而言,他更希望成为一名大使。如果我们可以这样借用法律的表达,那么他的选举是以所谓的"缺席抗传"的方式进行的。他实在是太不想当市长了,以致在选举的时候他跑到意大利去了。即便当选了他也完全不着急回法国,而是花了 45 天,骑马骑了 1550 公里回到波尔多的土地上,而通常情况下,只需要花一半的时间就能回来。

他本人兴致缺缺,市政官吏却坚决地一致投票给他,亨利三世更是打定主意要他当市长。1581 年 11 月 25 日,当蒙田回到家时,他读到了亨利三世给他的信,信中国王命令他担任市长一职。那时,国王的什么要求都不能拒绝。虽然不情不愿,但是哲学家最后还是接受了这一公职。在这一情况下,"职责"(charge)一词大概也可以理解为"负担"(charge)。

在《随笔集》中,蒙田提及了他担任波尔多市长的经历,他说这一经历异于他的真正天性。在此意义上他写道:"市长和蒙田一直是两个人,两者之间有着清

晰的区隔。"①

如今我们常常会听到一个说法:这种区隔是公共生活和私人生活之间的区隔,其实不然。这种区隔更多是想表达个人内在与公共及市政事务之间的距离。这一距离的保持,也在他与波尔多这座城市之间的关系中以具体的方式呈现出来。连续好几个月,他都拒绝住到波尔多,更倾向于住在42公里之外、骑马5小时才能到的城堡里。

如果这般兴致缺失,似乎很难胜任有着诸多要求的市长一职。然而,1583年蒙田再次当选。蒙田完成了两个任期。1581—1583年为第一个任期,相对平静;1583—1585年为第二个任期,因为新教徒和天主教之间的宗教冲突日益加剧而更为复杂。蒙田是天主教徒,但是他和新教徒也很亲近,因为他的兄弟姐妹之中有不少新教徒。虽然他的家庭故事与此并无关,但是由此可知蒙田的家庭让他远离了任何一种宗教狂热。

在一个如此动荡的年代,将蒙田这样强势的哲学家放到掌管城市的位置,有利于缓和冲突,找到妥协的方式。但是,蒙田作为市长的活动不仅是在两个敌对的宗教团

---

① [法]米歇尔·德·蒙田著,[法]维利-索尼耶(Villey-Saulnier)编:《随笔集》第3卷第10章,巴黎:法国大学出版社(Presses Universitaires de France,简称PUF),2004年,第1012页。

体之中商量与协调。蒙田还是平衡公共财务的管理人。波尔多是港口城市,因此城市经济生活的一大部分依赖于商品的流通。蒙田必须要处理的棘手问题之一就是税收问题。经过城市但是没有停留在城市的商品不用交税,这与在波尔多销售的商品不同。因此,很多商人选择走私,这给市长的工作带来了很大的压力。

不同冲突的成功管理都离不开蒙田克制谨慎的态度。作为人文学家,他从未对市政事务充满热情,也没有以个人的身份介入其中。在上文中提到的《随笔集》中《论意愿》(«De ménager sa volonté»)这一章节里,蒙田解释道,他永远都与介入公共议题的热情保持距离。他漠不关心,而这种漠不关心保证了他的判断力处在一定的高度。往往是个人的兴趣让我们蒙蔽了双眼,而我们有时又会把个人兴趣包装为公共利益。蒙田身处激烈的缠斗(mêlée)之外,因此最有能力梳理(démêler)危机的情势。所以,漠不关心并不总是走向无动于衷。一种冷漠的智慧,让他得以想清楚一些决定。

在某种意义上,蒙田实现了柏拉图在《理想国》(*République*)中描绘的哲学王的理想形象,因为管理城邦的哲学王应当摒除一切对权力的欲望。

蒙田不渴望权力。从这一视角出发,这位哲学—市长很接近柏拉图笔下的哲学—王。但是在柏拉图笔下，哲学—王是全知的人物。而蒙田并非如此。蒙田以怀疑论著称，这种怀疑主义在他的思想中和生活方式中都扮演了重要的角色。

在第一次当市长的时候，蒙田以自我描述的方式发表了惊人的论说。他说：我"没有记忆、没有警戒、没有感受，也没有力量"。这与我们今天的候选人的就职宣誓相去甚远！

让我们将悖论之绳拉到头：我们常常会赞颂投入公共事业之中努力工作的女性和男性，有时却遗忘了他们的私人生活。蒙田可能证明了我们不应该忽视这一面：想要更好地对公共利益负责（s'occuper），恰恰应该不要过度关切（se préoccuper）。

推荐阅读

《蒙田：一种政治传记》

Philippe Desan, *Montaigne. Une biographie politique*, Paris, Odile Jacob, 2014.

《知识与管理：论柏拉图政治科学》

Dimitri El Murr, *Savoir et gouverner. Essai sur la science politique platonicienne*, Paris, Vrin, 2014.

《随笔集》

Michel de Montaigne, *Essais*, livre III, chap. X, «De ménager sa volonté», éd. de Pierre Villey, Paris, PUF, 1992, pp. 1002-1024.

多米尼克·梅达:高级官员

处理现实问题的哲学家多米尼克·梅达(Dominique Méda,生于1962年)依靠转化的能力构建观点。她在高层公共机构部门度过的多年时光滋养了她的研究,也为她的智力介入与政治介入提供养分。

很长一段时间以来,多米尼克·梅达都在对工作这一主题进行思考。1995年,以奠基性作品《工作是正在消失的价值?》(*Le Travail, une valeur en voie de disparition?*)①出

---

① 1995年出版的初版标题中没有问号。在后来的版本中作者自行添加了这个问号。这不只是一个简单的细节,这一举动反映了她关于工作的思考的动态及批判维度。

版为拐点,她的思想发生了重大转向。

不过重大转向并不意味着起源或开端。在完成哲学学业和关于谢林及斯宾诺莎的自然哲学研究之后,多米尼克·梅达感到了"转向"的需要。1987年这位哲学家被法国国家行政学院(École nationale d'administration, ENA)录取之后,进入了法国社会事务监督总局(Inspection générale des Affaires sociales, IGAS)工作、就业、健康、社会事务部的监督部门。她的第一份工作是核查1988年大罢工之后罗卡尔政府确立的津贴是否正常发放。这充分说明了她对"工作"的理解不仅仅是抽象的,或是知识上的,也是直接的、实验性的与现实交锋的结果。

在政府大型部门工作的多米尼克·梅达没有为了成为官吏而放弃思想人生。她不仅参与以大学生为对象的"政治哲学"手册系列作品的编辑工作,而且因为自己1993年起在法国劳工部任高级官员的经历开始熟悉社会学。彼时,马丁·奥布里(Martine Aubry)刚刚成立了劳工部统计局(la Direction de l'animation de la recherche, des études et des satis tiques, DARES),旨在对财政部的裁定起到一定的制衡作用,多米尼克·梅达在劳工部统计局中主持了项目委员会和研究组织代表团的工作,其中研究组织代表团是负责将研究工作与行政工作结合起来的研究组织部门。

这里有必要补充一个不为人知的轶事:1992年,多米尼克·梅达在研究部地下室听了一个关于资本主义、马克思主义和工作的讲座,讲座由法国哲学家让-马里·文森特(Jean-Marie Vincent)和意大利社会学家安东尼奥·奈格里(Toni Négri)主持。多米尼克·梅达是否在这里实现了柏拉图在《理想国》中许下的愿望?哲学家柏拉图需要重新下到洞穴中才能唤醒意识。多米尼克·梅达则下到了国家部门的地下室以打磨自己的意识。

工作远不仅是工作:借口概念与训诫概念。

虽然说工作是作品的中心主题,但却不是她思想的关键。对于多米尼克·梅达来说,工作更多是一种借口概念和训诫概念,通过这样两个概念,她针对在社会中占据上风的社会不公与经济不公进行批判分析。就工作在社会中的地位提出疑问,比如将可能导致男女薪酬不平等的机制公之于众,比如强调工作条件的差异。这也是就环境问题的重要性提出疑问。因此,作为借口概念的工作涉及面更广,旨在揭露经济对于政治和社会的操控,旨在猛烈地批判增长是财富唯一指标的观点。在多米尼克·梅达的思想中,这一批判与规范视角不局限于一种揭露。因此工作同样是一种训诫概念。

了解我们所处社会的状况会引导我们走向社会改造，走向对公民有益而非对经济有益的选择，因为在当前逻辑下，对经济活力的衡量取决于最大数量且最不确定的群体的控制。因此我们需要找回政治和集体商议的意识。

让我们将悖论之绳拉到头：对多米尼克·梅达而言，哲学不是一种正在消失的价值，完全不是！但是，我们应该将哲学活动看作超越个人智慧的探索，这有利于改造世界的意愿。

推荐阅读

《女性时代：角色的重新分配》

Dominique Méda, *Le Temps des femmes. Pour un nouveau partage des rôles*, Paris, Flammarion, 2008.

《应用程序的新员工》

Dominique Méda et Sarah Abdelnour, *Les Nouveaux Travailleurs des applis*, Paris, PUF, 2019.

《工作宣言：民主化、去商品化、清朗化》

Dominique Méda, Julie Battilana, Isabelle Ferreras,

Le Manifeste Travail. Démocratiser, démarchandiser. Dépolluer, Paris, Seuil, 2020.

《工作是正在消失的价值?》

Dominique Méda, *Le Travail, une valeur en voie de disparition?*, Paris, Flammarion, 2021.

《工作》

Dominique Méda, *Le Travail*, Paris, PUF, coll. «Que sais-je?», 2022.

普鲁塔克:阿波罗的祭司

普鲁塔克(Plutarque,约46—约120年[①])主要因为其作品《希腊罗马名人传》(*Vies parallèles*)这部文艺复兴及古典时期的畅销书而出名。他关于动物的论述如今备受大众喜爱。但与此同时,普鲁塔克也是德尔斐阿波罗神庙的祭司。他负责阐释皮提亚[②]的神谕。而令普鲁塔克惋惜不已的是,神谕的发生越来越少了。

普鲁塔克的职业对于今天的我们来说,令人讶异。

[①] 法语原版中普鲁塔克的生卒年为:46—125。
[②] 古希腊的阿波罗神女祭司,服务于帕纳塞斯山上的德尔斐神庙。她以传达阿波罗神的神谕而闻名,被认为能够预见到未来。——译者注

为了理解做阿波罗的祭司意味着什么,我们需要将关于神职的所有印象放在一边。阿波罗神庙的祭司与天主教教堂里的牧师毫无关系。普鲁塔克属于一个多神教占据上风的文化之中,每个城邦都有自己的主神,但是一个城邦的信仰并不排斥对其他城邦不同主神的存在的承认。

在大部分地区是多神教的世界中,普鲁塔克和所有其他祭司一样,负责监督宗教仪式、宗教队伍及祭品。他还需要让人们遵守宗教的规范。普鲁塔克是"传统虔诚"的守护者。当城邦的主神是阿波罗时,相信自己城邦的主神,意味着纳入城邦的社会与政治秩序之中。信仰既让人类彼此相连,也让人类与他们的主神相连。因此,尊重传统意味着保持社会集体的团结。因此,祭司也具有政治职能,而这种职能的叠加显然有其必要性。肩负宗教职责的普鲁塔克显然也负责组织皮提亚运动会,即早期的奥林匹克运动会。

在阿波罗祭司的主要任务中,还应该算上解读皮提亚的神谕。阿波罗主神向皮提亚传达他想告诉人们的信息。和天主教一样,神职人员承担着人类与神之间中介人的职能。但是,两者之间的不同在于,在天主教中,信徒以忏悔的方式通过牧师这一中介向上帝倾诉,而在古代多神教中,是主神通过不同的中介人向人类传达——对于阿波罗来说,中介人就是女祭司皮提亚——而阐释或解读神谕的任务则由祭司负责。

让我们当代人感到困扰与混乱的是,一位理性的哲学家怎么能够全身心地投入一份阐释神谕符号的工作之中,这个问题让人难以理解。

占卜术的实现方式是在献祭动物的内脏中阅读神授的真相,或是通过鸟类飞行的轨迹解读真相。在我们看来,相对于任何形式的理性而言,这些都属于古时的异事。作为一名哲学家的普鲁塔克却试图从这些传统的仪式中剥离出暗含的理性,而作为祭司的他也是这些仪式的负责人。

他这样写道:"我们应该将哲学理性当作向导,虔诚地研究和理解每种叙事和仪式上的每个行动,从而避免误入歧途、错误阐释祭祀和节庆仪式上精妙的规定。"① 因此,在传统仪式中存在一种固有的思想和固有的智慧,而哲学家—祭司应该发掘这种思想与智慧。

如果我们承认,理性不是一种没有根基、脱离历史的能力,那么这就可以理解。如果说在今天的西方文化

---

① [古希腊]普鲁塔克:《关于伊西斯和奥西里斯》(*Sur Isis et Osiris*),[法]克里斯蒂安·弗罗伊德丰(Christian Froidefond)译,转引自[法]多米尼克·贾拉尔(Dominique Jaillard):《普鲁塔克与预言:一位哲学家祭司的怜悯》(«Plutarque et ladivination: la piété d'un prêtre philosophe»),《宗教历史杂志》(*Revue d'histoire des religions*)2007年第2期,第161页。

中,阐释符号已与星座分析画上等号,或是被贬低为神秘主义实施秘术的一种形式,然而在那个时代希腊的信仰世界中,阐释符号的工作却是最为严肃的工作之一。祭司要阐释的符号和迷信或神迹毫不相关,普鲁塔克也会抨击迷信或神迹,就像抨击无神教一样猛烈。

因此这不仅仅是一个时代问题,虽然时代在这里的确是核心。更重要的是,我们应该理解,理性和信仰是密不可分的,但这里的信仰并不是随便任何一种信仰。我们这个建立在科学理性主义基础之上的社会同样依靠着信仰:比如信仰科学查验步骤的有效性。这些信仰是理性的信仰,他们向讨论开放,可以得到纠正。历史的发展并未终结信仰,改变的是信仰的重心。比如,我们不再信仰符号,而是信仰科学证明。

让我们将悖论之绳拉到头:普鲁塔克是《希腊罗马名人传》①的著名作者,在这部作品中,他比较了古希腊和古罗马的英雄人物。他本人同样过着双重人生,或者说两种平行的人生,即哲学家的人生和阿波罗祭司的人生。与数学理论不同,在这里,平行线相交了。只要相

---

① 这部作品的法语译名为 Vies parallèles,字面意思为"平行人生"。——译者注

信,平行的人生也可能交会。

推荐阅读

《普鲁塔克与预言：一位哲学家祭司的怜悯》

Dominique Jaillard, «Plutarque et la divination: la piété d'un prêtre philosophe», *Revue d'histoire des religions*, n° 2, 2007.

《希腊罗马名人传》

Plutarque, *Les Vies des hommes illustres*, tomes 1 et 2, trad. par Jacques Amyot, Paris, Gallimard, coll. «Bibliothèque de la Pléiade», 1937.

《皮提亚对话》

Plutarque, *Dialogues pythiques*, Paris, Les Belles Lettres, coll. «Budé», 1974 (contient *Sur l'E de Delphes*, *Pourquoi la Pythie ne rend plus ses oracles en vers* et *Sur la disparition des oracles*).

《希腊罗马帝国》第五章《不信教的知识分子的宗教问题：普鲁塔克》

Paul Veyne, *L'Empire gréco-romain*, chap. X, «Les problèmes religieux d'un païen intelligent: Plutarque», Paris, Seuil, 2005.

狄德罗：艺术经纪人

德尼·狄德罗（Denis Diderot，1713—1784年），作家、哲学家、《百科全书》（*Encyclopédie*）编写者，也是艺术评论家。但是他的画作批评的目标不仅是审美上的评论，而且要打动潜在的买家。

狄德罗一生中从事了许许多多的职业。他当过编辑、艺术评论家、译者（他的英语很流利），还和达朗贝尔一起编写了《百科全书》。我们不太了解的是，狄德罗还是艺术经纪人。从1764年起，俄国女皇叶卡捷琳娜二世，也就是我们通常所说的叶卡捷琳娜大帝，决定施行大规模的大师画作购买政策，这些画作如今陈列在圣彼得堡的东宫之中。她特别请求狄德罗为她的购画选择提供建议。就像他自己写到的那样,在狄德罗建议购买的画作中,最重要的是"克罗扎系列"(des Crozats),包括了拉斐尔、普桑、凡·戴克的大师作品。

在1772年4月27日给雕塑家艾蒂安·法尔科内特(Étienne Falconet)的信中,狄德罗明确说这一系列的购买价值为460 000里弗。很难说这笔钱相当于现在的多少钱,因为换算标准很多。旧制度下的经济和今天的经济遵循的逻辑不一样。此外,艺术市场本身也有所发展。但可以大致认为这笔钱对我们来说相当于800多万欧元,至少是这个级别的数量。要更确切地计算的话,我们可以回想一下,18世纪建筑工人的平均每日工资是15苏,因此460 000里弗等于60万天的工资。从这个角度来看,这笔钱对我们来说简直多得离谱,但话说回来,对于一个完整的大师作品系列来说也不算超乎寻常,而狄德罗肯定是一个优秀的买卖中间人。他本人断言叶卡捷琳娜二世只花了"价值的一半"就拿下了"克罗扎系列"。

艺术经纪人的活动与狄德罗在1759—1781年编写的《沙龙随笔》(Salons)中的画展批评密不可分。这些精妙的艺术批评片段以手稿的方式出现在寄给订阅者的"书信"中,而订阅者则可以从"书信"里获取购画的灵感。

18世纪是审美的世纪,是好品味的世纪,但也是贸易的世纪。

我们自然而然地将18世纪与理论层面上的审美享乐和对艺术的爱联系在一起。启蒙时代,艺术家不再是手工艺者。画家开始享有尊贵的社会地位,他们之中最杰出的被视作天才。但是,18世纪同样是贸易的时代,是孟德斯鸠说的"和气贸易"(doux commerce)时代。艺术同样遵循着市场逻辑,而且的的确确存在一个艺术市场。像狄德罗这样的哲学家能够投身贸易,看似惊人,但实际上作为艺术经纪人的狄德罗,既作为哲学家活动,也作为人类学家活动,不会被人性蒙骗。他知道,虚荣有利于增加事物的价值。一个东西越是强化差异,激起关注,那人们就越想拥有它。法兰西皇家绘画学院展出的不仅仅是作品,人们也在那里自我展示。这就是为什么一幅画的价值常常取决于狄德罗所说的"幻想价格"(prix de fantaisie),它"取决于数量、财富、虚荣、嫉妒和其他爱好者的狂热"[①]。

然而,展览也是练习判断的地点,因为每个人都能在这里给出自己的观点。正是在这一视角下,狄德罗建

---

① 《狄德罗给格利姆的信 1776 年 10 月 13 日或 14 日》(«Diderot à Grimm, Lettre du 13 ou 14 octobre 1776»),载[法]德尼·狄德罗:《书信》(*Correspondance*)第 14 卷(1774 年 5 月—1776 年 10 月),巴黎:午夜出版社,1968 年,第 238 页。

议常去展览的人先去逛一次看看画,然后"再转几圈去听"其他人的评价。

让我们将悖论之绳拉到头:狄德罗用来赚钱的工作不仅仅是为俄国女皇购买画作。他的《百科全书》的功能在于传播知识。同样,他以发表在《沙龙随笔》中的作品为重要形式的艺术经纪人工作也参与到了艺术体验新形式的传播之中,这些新形式改进了人文主义绘画。

推荐阅读

《狄德罗美学论文选》

Denis Diderot, *Œuvres esthétiques*, éd. de Paul Vernière, Paris, Classiques Garnier, 1988.

《18 世纪下半叶巴黎绘画贸易》

Patrick Michel, *Le Commerce du tableau à Paris dans la seconde moitié du XVIIIe siècle*, Villeneuve-d'Ascq, Presses du Septentrion, 2008.

《狄德罗的想象博物馆》

Élise Pavy-Guilbert, « Le musée imaginaire de Diderot», *Recherches sur Diderot et sur l'Encyclopédie*, n° 50, 2015, pp. 15-44.

雷克吕斯：地理学家

地理学家、无政府主义者、流放者、巴黎公社成员、旅行家、哲学家雷克吕斯(Élisée Reclus, 1830—1905)过着颠沛流离的一生。但是他的人生中存在一种恒定不变的东西，那就是对于一种不妥协的、勇敢的无政府主义理想的忠诚。

如今，雷克吕斯更因为他的极端自由主义、无政府主义的观点而出名，他在地理学上的才能反倒鲜为人知。但是，雷克吕斯生前正是因为他在地理学上的成就举世闻名。1869年，他出版了自己的第一部作品《大地：地球生命现象描述》(*La Terre. Description des phénomènes de la vie du globe*)。1873年起，他逐步完成了自己最重要的作品《新世界地理学：地球与人》(*Une nouvelle géographie universelle. La terre et les hommes*)，最后一卷于1895年问世。雷克吕斯是一位不辞辛劳的作者，他的作品总共近18 000页，囊括了4 290张地图。

直到19世纪末，地理在法国还未成为大学学科。彼时，地理知识大多数取决于社会、贸易与政治结构。绘制世界地图的主要作用在于为一个国家的经济利益和军事目标服务。

因此，当我们看到雷克吕斯这样一位无政府主义思想家能够在地理这个领域上历险，可能会倍感惊讶。人们可能会以为他更倾向于撰写和发表一些政治文章，或对那个时代的社会进行批判分析。

在欧洲、美国、南美的许多次旅行中，雷克吕斯成为地理学家的意愿逐渐成形。对他而言，旅行是一种工作或写作的方式。

雷克吕斯写道："在图书馆的灰尘中长时间伏案研究之后，我总是要回到重要的灵感来源，让我的思想在对现象本身的研究中重新活跃。"[①]

雷克吕斯的地理研究不是一种将元素抽离并以独

---

① [法]雷克吕斯：《大地：地球生命现象描述》第1卷《大陆》(«les continents»)，巴黎：阿谢特出版社(Hachette)，1874年，第11页。

立的方式分析这些元素的抽象科学。植被、地理现象还有迁徙运动,都是应该在它们实实在在的相互作用之中得到思考的现象。雷克吕斯拒绝"地理决定论",他认为这种理论将自然界缩减为唯一的一种元素(比如植被)。而地理是一种相互作用的科学,因为"任何一个自然界都无限复杂"①。这一学术性的研究同样需要一种感性视角。人类演进的空间并不是土地测量员笔下的中性空间。我们的自然界同样不是一个封闭的空间,不像政治边界可能给我们留下的印象那样。居住在地球上,就是不停地与我们的远亲与近邻构建联系。在这方面,雷克吕斯的思想包含一种非常重要的生态维度,直到今天我们才更好地衡量这一维度。

无政府主义者和地理学家两种身份或许是在意识到人类活动对地球的影响时相遇的。

聊人类世②可能会显得有点过时。但是,在雷克吕斯作品的很多段落中,我们都可以看到对今天的科学工作和哲学工作的预言,他认为这些工作对我们的生活模

---

① [法]雷克吕斯:《新世界地理学:地球与人》第1卷,巴黎:巴黎大学出版社(Librairie universelle de Paris),1905年,第115页。
② 人类世,又称人新世,是指地球的最近代历史。人类世并没有准确的开始年份,可能是从18世纪末人类活动对气候及生态系统造成全球性影响开始的。人类世工作组则建议将1945年7月16日人类首次进行原子弹测试的时间定为人类世的开始。——译者注

式产生了有害的影响。

作为无政府主义者的雷克吕斯质疑建立在征服之上的政治秩序和社会秩序。他指责的,是一种狭隘的自然概念,在这一概念中,为了生命而做出的斗争与对抗是排他的、绝对的准则。在地球生活中同样存在团结一致和相互帮助的关系网,没有这些关系网,"生命本身就不可能存在"①。

让我们将悖论之绳拉到头:在所有作品中,雷克吕斯都在不停地赞颂自然之美,并表达自己对和谐自然的信心。他写过一篇美好的《小溪的历史》(*Histoire d'un ruisseau*)。这样的立场是不是这位无政府主义地理学家对秩序表达过的最大爱意呢?

推荐阅读

《雷克吕斯:出色的地理学家》

Béatrice Giblin, « Élisée Reclus: un géographe d'exception», *Hérodote*, n° 117, 2005.

《雷克吕斯:广阔的地理性与善意型地缘政治》

---

① [法]雷克吕斯:《新世界地理学:地球与人》第1卷,巴黎:巴黎大学出版社,1905年,第115页。

Yves Lacoste, «Élisée Reclus, une très large conception de la géographicité et une bien-veillante géopolitique», *Hérodote*, n° 117, 2005.

《新世界地理学：地球与人》

Élisée Reclus, *L'Homme et la Terre*, préface et choix des textes par Béatrice Giblin, Paris, La Découverte, 1998.

《小溪的历史》

Élisée Reclus, *Histoire d'un ruisseau*, Arles, Actes Sud, 2005.

柏格森：外交家

亨利·柏格森（Henri Bergson，1859—1941），醉心于研究与写作的代表性哲学家，于1917年接受了法国政府的任务，说服美国进入对抗德国的战争。他成功了。在取得和平之后，他以同样坚定的态度投入为国际联盟牵头的国际知识合作委员会的努力之中。

1859年，亨利·柏格森出生在巴黎，他是20世纪最负盛名的法国哲学家之一。作为法兰西学院的教授，他生前享有异乎常人的光环，无论是在哲学家之间，还是对大众而言。

柏格森的英语和法语一样流利。彼时的共和国总统雷蒙·普恩加莱(Raymond Poincaré)和总理阿里斯蒂德·白里安(Aristide Briand)正是因为柏格森的英语流利,才会任命柏格森去说服美国总统伍德罗·威尔逊(Woodrow Wilson)进入抗德战争。柏格森的任务持续了4个月,即1917年2—5月。任务圆满成功,超出了法国政府的预期,因为彼时法国政府并不清楚美国是保持军事援助和财务支持,还是派遣军队到欧洲与协约国会合。

1917年,作者柏格森已经出版了好几部作品,包括《时间与自由意志》(*Essai sur les données immédiates de la conscience*)、《材料与记忆》(*Matière et mémoire*)、《创造进化论》(*L'Évolution créatrice*)。但是,这个年代对柏格森而言不再关乎内省工作,而在于介入与行动。柏格森似乎暂停了自己的创作。

他成功说服威尔逊派出"大批人马",就像他在寄给法国政府的电报中写到的那样。

然而,柏格森在接受这个任务之前其实犹豫了很久。令人没有想到的是,法国外交家儒勒·坎邦(Jules Cambon)说服了他。坎邦告诉柏格森,去美国对他而言是危险又冒险的任务。面对危险,大部分的人都天然倾向于逃跑。存在逃避倾向很正常。但是对这位超乎寻常的哲学家而言,危险是一种召唤。

柏格森同样助力了国际联盟的诞生，这是联合国的前身。

国际联盟的创立旨在"推进国家合作，获得和平与安全"，由 1919 年 6 月 28 日签订的《凡尔赛条约》确定。柏格森在其中起到了重要的作用，他担任了国际知识合作委员会主席，同列的成员还有玛丽·居里和爱因斯坦。这一委员会作为联合国的前身，作用在于为世界科学与知识建立大本营，方便学者之间的交流，保存智力遗产。委员会的雄心壮志还包括建立一个国际图书馆，在这座图书馆中清点这个星球上每个角落实现的所有工作和所有科学研究。

这样我们就可以理解，柏格森的外交家工作与哲学家活动是如何联系起来的。思想不是中性的，我们知道某些科学成果能有怎样凶险的用途，导致怎样的灾难。

1922 年 9 月 13 日的会议上，柏格森任主席的委员会恳求"全世界的学者公开他们关于毒气的发现，从而将毒气在未来战争中使用的可能性降到最低"。这是对第一次世界大战中人们使用毒气造成致命破坏的回应。科学从来都不是中性的，柏格森很清楚这一点。

国际联盟的一些理想隐约透露在柏格森于 1922 年出版的最后一部作品《道德和宗教的两个来源》（*Les*

Deux Sources de la morale et de la religion)之中。他在书中解释道,民主表达和要求的是一种神秘主义的背景,超越了人们所理解的利益秩序。

让我们将悖论之绳拉到头:外交语言往往被视作一种掩饰的语言,而与之相反,哲学语言的独特性则在于其真理性和确实性。但是外交家柏格森从来没有背叛哲学家柏格森。这或许就是他成功的秘诀。

推荐阅读

《杂作集》

Henri Bergson, *Mélanges*, éd. de André Robinet, Paris, PUF, 1972.

《道德和宗教的两个来源》

Henri Bergson, *Les Deux Sources de la morale et de la religion*, Paris, PUF, 2013.

《政治柏格森》

Philippe Soulez, *Bergson politique*, Paris, PUF, 1989.

《柏格森》

Philippe Soulez et Frédéric Worms, *Bergson*, Paris, PUF, 2002.

纪尧姆·马丁:职业自行车手

环法自行车赛(简称环法)为哲思提供材料,这是纪尧姆·马丁(Guillaume Martin)的想法,他是出生于1993年的职业自行车手,同时也是哲学家,撰写了多部用于讨论自行车哲学的作品。

环法不仅是社会和文化中不可或缺的体育盛事,也预示着夏季和假日的到来,而且是考验哲学的时机。纪尧姆·马丁的作品探讨的就是这个问题。马丁因为职业自行车手的身份和哲学家的工作而出名。他在自行车上实践着山道攀登,在办公室里则实现着理念世界中思想与灵魂的升华,也就是柏拉图在《理想国》中所说的 *anodos*("升起""显现")。

这种双重"上升"并不意味着身体与思想的分离。可以这么说,身体有自己的理性,这种理性是真正的理性,不应该被无视。纪尧姆·马丁对一种哲学观点提出异议,这种观点认为身体,特别是运动的身体,是一种没有头脑的机器。在他的作品《骑自行车的苏格拉底》(*Socrate à vélo*)中,他断言体育活动不仅仅需要智慧,还需要一种双重智力:一方面,理论上的智力,运动员需要特别去了解和掌握规则,以及实行的策略;另一方面,一种实践层面上的智力,让运动员得以"吸收"动作和习惯,能够本能地调动身体,特别是在一些棘手的情况中,比如摔倒的时候。在他看来,如果这种形式的智力没有得到承认,这不仅仅是由于我们知性论的偏见,而是像他解释的那样,这取决于暗处的智力原本的特性。获取条件反射的动作意味着严格的训练,这些训练是我们这些普通观众看不到的。我们在其中看到了一种自然而然的动作,高水平运动员要习得这样的动作,要吃苦,要经受严苛的训练。这就是"体育天才"的悖论,类似于尼采关于艺术天才提出的观点:代表作让我们看到的是一种结束的、完成的产物,而这一产物的和谐一体抹除了工作坊中所有勤勉的工作。一个事物在我们看来越简单、朴素,背后支撑它的力量就越复杂。

但是，与艺术作品不同，体育运动的表现顺从于一种比赛和"赢"的逻辑。

被我们称作"自行车哲学家"的不仅是一个自行车思想家，还是一个体育思想家。他谈论的自行车运动不是我们闲逛或者通勤时使用的交通工具。纪尧姆·马丁的分析大都专注在高水平的自行车运动上。这一运动维度涉及整个生态系统。在这一系统中，与自己及与他人的关系以超越自己的方式得到体验，以痛苦的训练为代价。纪尧姆·马丁描述了训练的严酷，以及当他听着法兰西文化电台的节目时，练习的痛苦会得到减轻！这种通过自己实现的对自我的超越，不仅旨在体验自己的极限，还在于与他人对抗，在竞速中超越对手。所有高水平运动教会我们的，是在竞赛空间中，标准既是需要遵守的（违反了比赛规则就要被逐出比赛），也是要超越的（维持在人们通常会达到的水平，可能就无法取得胜利）。

这并不排除队友的重要性。然而，就像马丁在《主车群社会：团队中的个体哲学》中写的，"自行车运动的问题，是只能有一个胜者"[1]。比赛的这一逻辑将他带

---

[1] ［法］纪尧姆·马丁：《主车群社会：团队中的个体哲学》（*La Société du peloton. Philosophie de l'individu dans le groupe*），克莱蒙费朗：口袋书出版社（Mon poche），2022年，第173页。

向了一种虽极端但坦诚的论点,根据这一论点,"自我是无法超越的。在互助、分享、利他的意识形态中扼杀自我,就是试图熄灭我们身上最有生命力的部分,即我们的个性"①。

让我们将悖论之绳拉到头:我们从主车群哲学中看到的是团队凝聚和个体成功的追求之间的张力。自行车选手甩开大部队的"摆脱"凸显了这一悖论。对此,纪尧姆·马丁写道,"个体拥有表现自己的空间,一边对抗他人,一边又和他人一起。当运动员,特别是自行车手,试图和主车群或同伴有所区分、但又不要以太极端的方式自我区隔时,他们正是立于这个空间、这个不稳定的平衡之中。"②这种矛盾可能无法解决。因为,我们知道,环法选手不会骑双人自行车参赛。

推荐阅读

《体育哲学的国际辞典》

Bernard Andrieu (dir.), *Vocabulaire international de*

---

① [法]纪尧姆·马丁:《主车群社会:团队中的个体哲学》,克莱蒙费朗:口袋书出版社,2022年,第181页。
② 同上书,第182—183页。

philosophie du sport, tomes I et II, Paris, L'Harmattan, 2015.

《自行车哲学》

Bernard Chambaz, *Petite philosophie du vélo*, Paris, Flammarion, coll. «Champs», 2019.

《骑自行车的苏格拉底》

Guillaume Martin, *Socrate à vélo*, Paris, Grasset, 2020.

《主车群社会：团体中的个体哲学》

Guillaume Martin, *La Société du peloton. Philosophie de l'individu dans le groupe*, Clermont-Ferrand, Mon poche, 2022.

巴什拉：邮局职员

加斯东·巴什拉（Gaston Bachelard, 1884—1962），《新科学精神》（*Le Nouvel Esprit scientifique*）和《应用理性主义》（*Le Rationalisme appliqué*）的作者，是法国科学哲学最重要的人物之一。但是，他很晚才投入学术研究之中，在此之前，他作为邮递员和报务员工作了超过10年。

1884年，巴什拉出生在法国外省小城奥布河畔巴尔一个贫寒的家庭。他做过中学物理、化学老师，1930年起在第戎大学担任科学哲学教授，1940年被任命为索邦大学教授。他的学术生涯最终因为被选为道德与政治科学院院士而走上巅峰。多么精彩的历程!

然而,这一历程并非一帆风顺。巴什拉没有上过大学校①。他的授课生涯开始得也相对较晚,35岁时才成为助教,即合同制的教师;38岁时才拿到哲学教师资格;1927年完成了两篇博士论文的答辩。在此之前,巴什拉从事了16年邮递员和报务员的工作。

巴什拉的父亲是一名鞋匠,母亲是烟草和报纸售货员,而他曾经是一个翘课生。在拿到哲学学士学位之后,巴什拉于1903年进入孚日省勒米尔蒙的邮局工作。彼时他19岁。他在邮局中做着重复性的工作。每天工作10个小时,忙于发电报和负责管理寄送邮件。我们可能会觉得,这样残酷的工作条件让他的工作繁重,他首先是封闭的社会空间的受害者。如果我们不能将"他作为职员在邮局工作是出于物质和经济原因"这样一个事实放在一边暂不考虑,那么我们考察这一案例的视角始终不够完全。一方面,在获得学士学位之后、进入邮局之前,巴什拉在中学做了一年辅导教师。那个年代,这个工作能够在一段时间之后保证巴什拉融入教师行

---

① 大学校(Grande École):法国的一种高等教育体制,通过入学考试录取学生的高等院校,与公立大学并行存在,入学门槛高、专业性强、培养精英人才。——译者注

业。不过,巴什拉选择离开了这个岗位……为了去邮局工作。另一方面,巴什拉并不憧憬成为教师,况且这个岗位中没有什么能助力他为将来成为的大哲学家做好准备。

巴什拉渴望成为电报工程师。在1955年一次激动人心的对谈中,处在荣誉巅峰的巴什拉承认:"我长久地保存着一份感伤,因为我放弃了成为电报工程师的渴望,那是我第一份理想。我为此付出了很多。"[①]年轻的邮局职员一开始并未梦想着索邦的大阶梯教室,他更想要在电信行业中成为专家。

20世纪,人们经历着电信世界中迅如闪电的技术发展。如果说那个年代巴什拉首先在物理界成为专家,之后又成为科学哲学家,这一定不是偶然的。

邮局业务与电报的融合既是一种科学革命,又是一场重大的政治转变,因为1879年,威廉·亨利·瓦丁顿(William Henry Waddington)的政府创立了邮局与电报部。

---

① 《学院成员巴什拉先生》(«M. Gaston Bachelard membre de l'Institut»),PTT 杂志(*Revue des PTT*)1955 年第 5 期,第 14 页。转引自[法]克劳德斯佩兰扎(Claude Speranza):《巴什拉和技术:几个研究方向》(«Bachelard et la technique: quelques axes de recherche»),《加斯东·巴什拉研究》(*Cahiers Gaston Bachelard*)1998 年第 1 期,第 72—73 页。

但是,让巴什拉入迷的,是通信工具的惊人发展。另外,正是在这一时期,因为电磁波的发现,人们发明了第一台收音机。因此,负责电报的巴什拉与让人们可以远距离沟通的现代化设备打交道。这些技术的杰作凸显了科学与技术的结合。巴什拉作为科学哲学家,给予这段经验一种科学话语转化的基础价值。正因如此,他将自己的一篇论文命名为《应用理性主义》。在这篇文章中,巴什拉写道:"对于科学思想来说,需要一种社会现实,需要物理和数学界的认同。"[1]这种"社会现实",巴什拉在邮局遇到了。"物理和数学界的认同",巴什拉通过对诞生于科学发展的通信工具的日常运用而具象地体会到了。

让我们将悖论之绳拉到头:从邮局到索邦,巴什拉的经历或许没有那么不可预见。无论是作为邮递员和报务员,还是教授课程,传递都是这些工作的核心。

推荐阅读

《应用理性主义》

Gaston Bachelard, *Le Rationalisme appliqué*, Paris,

---

[1] [法]加斯东·巴什拉:《应用理性主义》,巴黎:法国大学出版社,2004年,第6页。

PUF, coll. «Quadrige», 2004.

《新科学精神》

Gaston Bachelard, *Le Nouvel Esprit scientifique*, Paris, PUF, coll. «Quadrige», 2020.

《加斯东·巴什拉》

François Dagognet, *Gaston Bachelard*, Paris, PUF, 1965.

《巴什拉辞典》

Jean-Claude Pariente, *Le Vocabulaire de Bachelard*, Paris, Ellipses, 2001.

《巴什拉和技术：几个研究方向》

Claude Speranza, « Bachelard et la technique: quelques axes de recherche», *Cahiers Gaston Bachelard*, n° 1, 1998.

莱布尼茨：图书管理员

戈特弗里德·威廉·莱布尼茨（Gottfried Wilhelm Leibniz, 1646—1716）并不满足于读书与写书，他还作为图书管理员工作了40年，负责收拾和整理图书。图书馆对他而言是理性的化身，是通过书本的媒介建立人与人之间联系的具体途径。

莱布尼茨不仅仅忙于形而上学、数学和物理，他同样有过一段长长的图书管理员职业生涯，直到1676年起担任了汉诺威公爵图书馆的管理层，之后又担任了汉诺威附近的沃尔芬比特尔图书馆管理层。莱布尼茨通过这一职业以某种方式与传奇的作家建立联系。人们说在古代，亚里士多德去世3个世纪后，罗德岛的安德罗尼克想要编辑整理这位伟大的斯塔吉拉人的作品，于是他收集了许许多多的书籍，但是这些书籍的主题对他而言不甚清晰，比如行动与能力、物质、定律，等等。于是，他把这些作品归类为"*méta ta physica*"，字面意思为"物理学之后的学说"，这就是后来"形而上学"（métaphysique）一词的由来。因此，形而上学与图书馆之间存在一种隐秘的联系。

在这一点上，莱布尼茨算是双重的 *méta ta physica* 学者。说到他的哲学，我们会想到他前定和谐和实体沟通的理论，以及从中提出的关于身心一致的棘手问题。而作为图书管理员的他则关心如何将书籍整理归类到最恰当的位置。

在莱布尼茨的年代，图书馆属于私人，属于国王、王子、公爵，比如汉诺威公爵就有一所私人图书馆。

这些私人图书馆实际上是半公共的场所。这些图书馆与我们今天的公共图书馆之间的主要不同在于财政运作的方式。如果说，今天我们的市政图书馆或者国家图书馆主要由公共拨款，那么莱布尼茨时期的图书馆则由专门的资助者资助。

在图书管理员的工作中，莱布尼茨保障着公众接待的工作，不过珍贵作品只供贵族和学者查阅。作为积极介入的图书管理员,同时也是极好的逻辑学家,莱布尼茨对于图书分类的问题很感兴趣。他发展出了一个目录编纂的系统,以作者名为依据,以主题为补充,这是现如今我们图书编目的基础组织。这一分类学工作既是将书籍材料放入书柜之中的整理工作,又是在图书馆的目录中为作品编写目录的索引工作。虽然说这些工作对于今天的我们来说稀松平常,但对于莱布尼茨的年代而言却并非如此。那时候图书馆里的书本更多是依据外观(大小、开本)排列的,而不是根据内容。

图书管理员的职业同样是一种照料的职业,因为除了印刷书,图书馆里还藏有许多手稿,这些手稿往往很脆弱。可以这么说,和任何一位图书管理员一样,莱布尼茨是图书管理员(bibiothécaire),也是图书照料者(bibiothé-care)。

但是图书管理员不仅仅面向过去和现在。图书管理员不仅需要保存书籍,也需要丰富图书馆的馆藏,购买新书。图书馆需要不停地增加馆藏才能跟上知识的进步。话说回来,莱布尼茨总是毫不犹豫地用个人的藏书来补充他负责的图书馆,以致在1716年他去世后,人们根本无法分辨哪些书是属于莱布尼茨的,哪些书又是汉诺威公爵的财产。最后,公爵保留了所有的馆藏,同时全价赔偿了莱布尼茨的继承人。

通过图书管理员的工作,莱布尼茨实现了通用百科全书的梦想,百科全书中囊括了欧洲所有学者团体。

莱布尼茨是全方位的思想家。他的全部哲学都肯定着人类理性和普世原则先于知识。百科全书的计划是对所有科目的所有知识的承认,也和他对于争论与探讨的爱好紧密相关。伏尔泰所嘲笑的他的乐观正激励着他,令他相信通过讨论总是可能达成一致。从这一观点出发,图书馆是一个截然不同、甚至相互矛盾的书籍也能共存的具象空间,这一空间勾勒了知识和平的样貌。任何一间图书馆都是网状的,因为图书馆让我们能够建立或者联想书籍之间的多重联系。莱布尼茨的哲学让我们了解到他是一个关系的思想者,而因为图书馆管理员的工作,他又是关系的实践人。

让我们将悖论之绳拉到头:在图书馆里整理书籍,对于一个关系(*vinculum*)理论家而言,不正是一种在人与人、年代与年代之间创建牢固关系的方式吗?

推荐阅读

《自然新系统和实体的交互作用》

Gottfried Wilhelm Leibniz, *Système nouveau de la nature et de la communication des substances*, éd. de Christiane Frémont, Paris, Flammarion, coll. «GF», 1994.

《莱布尼茨在沃尔芬比特尔的哲学图书馆：盘点与意义》

Arnaud Pelletier, «La bibliothèque philosophique de Leibniz à Wolfenbüttel: inventaire et signification», *Dix-septième siècle*, vol. 1, n° 242, 2009, pp. 113-147.

《图书馆员莱布尼茨》

Stephan Waldhoff, «Leibniz bibliothécaire», trad. par Jean-Louis Elloy, *La Revue de la BNU*, 10|2014, pp. 22-31.

阿涅斯·盖罗：作家—作曲—歌手

哲学家阿涅斯·盖罗（Agnès Gayraud，生于1979年）从小就是音乐人。她有两个名字，阿涅斯和拉菲林，分别代表了她的两种声音（哲学家之声和音乐人之声）。虽然名字不同，但两种声音却汇聚在一起。

很小的时候阿涅斯·盖罗就发现了音乐的乐趣，这唤醒了她身上的创作欲望。6岁时，她写了第一首歌。之后她就持续进行法语和西班牙语的歌曲创作，在自己的磁带录音机上录单曲。12岁时，她感觉自己需要学习一种乐器来给自己的声音伴奏。于是她学习了吉他。这位自学成才的年轻作曲家和歌手挑战了独自演绎加利福尼亚传奇乐团"金属乐队"(Metallica)的单曲《一》(«One»)。青少年时期,她和朋友一起组建了"小雏菊"乐队。这些年轻音乐人在著名的玛西亚克音乐节上完成了自己的第一次表演。

与此同时,阿涅斯·盖罗继续着自己的哲学学业。2010年,她在索邦大学完成了自己的博士论文答辩,论文的研究对象是西奥多·阿多诺哲学。但在哲学界和在音乐界一样,对于这位年轻人来说,仅仅传递著名经典哲学家的声音是不够的。在很多作品中,她都在试图让人听见自己作为哲学家的声音。2018年,她发表了重要的音乐哲学作品《流行音乐辩证法》(*La Dialectique de la pop*)。在这部作品中,她论证了流行音乐包含的纯美学与音乐性两个维度,而这些维度长期为人忽略。

为了了解流行音乐的音乐性和美学,两个动作或者说两种姿态不可或缺。

第一个动作在于将流行音乐从流行文化中解放出来。

流行文化包含了一系列目标和元素的流行作品,这些元素为了视觉效果(海报、头像 T 恤、服装、网上论坛等)掩盖了听觉。第二个动作在于辨认这种流行艺术的矛盾之处,流行艺术主要的特殊之处在于它是一种录制的、可复制的音乐形式。

这一可替代性的维度是专属于流行音乐的。比如说,传统的大众音乐主要是通过口头方式传播,属于口头传统的范畴。古典音乐,所谓的"学院派",则主要通过乐谱的保存传播,因此隶属于书写传统的范畴。当然,我们可能会听到巴尔干民族音乐或是克劳迪奥·蒙特威尔第(Claudio Monteverdi)歌剧的录音,但是这种形式的赏乐和听披头士或拉菲林的单曲截然不同。两者之间根本上的区别,是表演者的地位。对于民族音乐或歌曲而言,表演或歌唱这些音乐片段的人几乎不重要(我是说几乎!)。诚然,同一个歌剧片段,由著名歌唱家玛丽亚·卡拉斯(Maria Callas)或其他女歌唱家唱出来,激发的感受肯定不同。同样,繁花古乐团和其他乐团演绎同一部歌剧作品时的美学效果肯定也是不同的。但是,这和披头士唱《随它去》("Let It Be")还是其他歌手唱《随它去》之间的区别不是一种区别。《随它去》是披头士创作的作品,同时也是为了披头士创作的作品,因此别的歌手演绎这首歌曲的时候,哪怕这位歌手再有才华,那也不是一回事。但蒙特威尔的歌剧则不是为了繁花古乐团写的,不是为了任何一位歌唱家写的。

舞台及现场演绎的乐趣同样是流行音乐的决定性特征。

对于拉菲林而言,与舞台的关系、与观众的关系,都是一种根本体验。这位艺术家钟情于舞台,正如她所言,在她眼中,舞台包含着情感上的互动,是一场与观众共享的爱欲游戏。2022 年 12 月,拉菲林在印度巡演。路过印度南部科钦的时候,她在市中心一个室外舞台上演出。夜色降临,先是大型的灯光表演,之后舞台上渐渐地出现了一片迷雾,观众开始跳舞,甚至连她性感刺耳的音乐都不够匹配她在舞台上能够感受到的身体律动。这就是演唱会的魔力,对于所有的艺术家而言都至关重要。

但是拉菲林不是哲学家。阿涅斯·盖罗执着于将两种不同职业活动区分开来,因为通过两种不同的活动,她介入的是不同的与世界的关系。一个引人注目的事实:在她的作品《流行音乐辩证法》所囊括的数量众多的音乐作品参考中,完全没有提及拉菲林的作品。这种缺席或许可以被解释为一种谦虚,但是我们同样可理解为将她的存在的两个方面分离开来的意愿。

让我们将悖论之绳拉到头:在一篇精彩的文章《法

语,第二语言》(«Français, deuxième langue»)中,阿涅斯·盖罗分析了流行音乐——这一源于盎格鲁—撒克逊的艺术形式——与法语演唱之间的张力。但是,拉菲林的音乐更多是在一种和谐的表象下让我们听到这种张力。这证明了,如果说音乐有其所谓的"使命",那么它的使命不是在自己的源头中找寻,而是在自己的计划与终点中找寻。

推荐阅读

《法语,第二语言》

Agnès Gayraud, «Français, deuxième langue», *Audimat*, vol. 2, n° 4, 2015, pp. 39-66.

《批评和录音理论》

Agnès Gayraud, Guillaume Heuguet et Gustavo Gomez-Mejia, «Théorie critique et musiques enregistrées», *Communications & langages*, vol. 2, n° 184, 2015, pp. 25-39.

《流行音乐辩证法》

Agnès Gayraud, *La Dialectique de la pop*, Paris, La Découverte, 2018.

柯奈留斯·卡斯托里亚蒂斯：经合组织经济学家

哲学家柯奈留斯·卡斯托里亚蒂斯(Cornelius Castoriadis,1922—1997)是经合组织经济学家,同时也是政治激进分子。他的激进想象概念很大一部分源于他不同的战斗经历。

柯奈留斯·卡斯托里亚蒂斯1922年出生在君士坦丁堡,但他在希腊度过了自己的童年和青年时期,之后为了着手进行哲学论文的写作于1945年搬到巴黎。1948年,他成为欧洲经济合作组织(OEEC)的经济专家。欧洲经济合作组织是同一年为了施行马歇尔计划而创立的,这是美国发起的一项旨在支持欧洲第二次世界大战后重建的大规模经济援助计划,计划于1952年结束。1961年,当欧洲经济合作组织成为经济合作与发展组织(OECD,简称经合组织)时,卡斯托里亚蒂斯依旧在机构中作为经济学家工作,直至1970年。

经济学家的工作任务必然包括对一个国家的经济情况进行统计与总结,为国家领导人的想法和视角提供参考,从而改善一个国家的经济状况。每一年,经合组织都会发布每个国家的经济报告。为了让我们有一个更确切的概念,我们以1970年法国的经合组织报告为例。卡斯托里亚蒂斯于这一年离职。我们在报告中可以看到人口统计和土地面积、生产、对外贸易、公共行政机构的支出和收入等数据。我们可以从报告中得知人均生活水平是以每千人的完全住宅房产数量,以及更让我们当今读者惊讶的每千人拥有手机数量为指标计算出来的。2021年11月的最新报告已经不再提及手机数量,甚至连生活水平这一指标都没有了。统计的数据却更为复杂:从那时起,报告囊括的参数开始与环境及教育水平相关。

因此,卡斯托里亚蒂斯生活的世界不是今天我们生活的世界。不过,不变的是经济在集体生活和社会样貌中所占据的分量。经济学家卡斯托里亚蒂斯并不相信所谓的经济合理性,不相信经济假设的科学价值。确切地说,正是因为他不相信,他才会在经济上花掉22年的职业生涯,以及极大部分的智力生活。

对于卡斯托里亚蒂斯而言，承认经济属于空想的范畴并不意味着经济不会产生实际的影响：经济通过财产和服务的流通，以及贸易的调节构建了我们的社会。

对于空想这个概念，我们应该从中理解两件事情。一方面，卡斯托里亚蒂斯否认"社会世界和历史世界是一种必要性、决定论的产物，我们不得不顺从，不能采取任何行动"这样的观点。当我们谈论诸如市场规律的时候，我们就能从中听到这种意味，就好像存在一种纯粹的外在要求支配着我们。另一方面，如果存在空想，那么这个空想指的是任何一种现实，无论是哪种现实，无论现实的价值如何，都建立在想象之上。这一想象的概念处在卡斯托里亚蒂斯思想的核心。在1975年出版的《社会想象建制》(*L'Institution imaginaire de la société*)中，他论证了我们人类的生活，无论是个人生活还是集体生活，都构建在一种想象的基础之上，正是在这一背景下人们创造价值并投入其中。具有支配性的经济也要遵循一定的规律。建制起来的可能消失，让位给新的创造性可能。

让我们将悖论之绳拉到头：想象常被视作幻觉之域，与理性相对，而理性则决定了事物的秩序和真相。

卡斯托里亚蒂斯颠倒了这样的传统关系。空想不处在我们以为它所处的位置。实际上,空想处在一种信仰之中,这是将纯粹技术的理性,甚至是官僚主义的理性视为不容置疑的绝对真实的信仰。

推荐阅读

《社会想象建制》

Cornelius Castoriadis, *L'Institution imaginaire de la société*, Paris, Seuil, 1975.

《想象自主:卡斯托里亚蒂斯与一种极端思想的现实性》

Vincent Descombes et Florence Giust-Desprairies (dir.), *Imaginer l'autonomie. Castoriadis, actualité d'une pensée radicale*, Paris, Seuil, 2021.

《卡斯托里亚蒂斯的一生》

François Dosse, *Castoriadis. Une vie*, Paris, La Découverte, 2014.

《克莱尔·帕赫斯与文森特·德孔布对谈录》

«Entretien avec Vincent Descombes réalisé par Claire Pagès», *Rue Descartes*, vol. 2, n° 96, 2019, pp. 80-92.

让-雅克·卢梭：乐谱抄写员

让-雅克·卢梭（Jean-Jacques Rousseau，1712—1778）不仅仅是《社会契约论》（*Du contrat social*）和《爱弥儿》（*Émile*）的作者，也是独幕剧《乡村占卜师》（*Devin du village*）的创作者，这部歌剧在他那个年代取得了巨大成功。音乐也是卢梭的谋生手段，在人生中很长一段时间里，卢梭都从事着乐谱抄写员的工作。

卢梭的作品是里程碑式的作品，不仅因为数量众多，还因为其作品内容的多样性和丰富性。他是颠覆了观念史的哲学作品的作者，特别是对于政治哲学和道德哲学而言。他同样通过《新爱洛伊丝》（*Julie ou la Nouvelle*

Héloïse)革命性地颠覆了小说艺术,这部书信体小说在他那个时代取得了巨大的成功,人们将这部小说视作浪漫主义的先驱。他写下了许许多多关于音乐的作品,比如《音乐辞典》(*Dictionnaire de musique*),以及著名的《论法国音乐的信》(*Lettre sur la musique française*),在这部作品中,他进行了反对作曲家让-菲利普·拉莫(Jean-Philippe Rameau)的论战。不过,他的才华并不限于写作范畴:作为音乐思想家的卢梭也是一名音乐家。他会演奏长笛和小提琴。他创作了众多歌剧,其中最为著名的是芭蕾歌剧《乡村占卜师》,这是卢梭在帕西创作的作品。如今帕西已并入巴黎,而法国国家广播电台所在的"广播与音乐之家"大楼(Maison de la Radio et de la Musique)正位于帕西区的肯尼迪总统街之上。

这部歌剧如今可能不为人知,18世纪时却非常成功。歌剧于1752年10月18日在路易十五的枫丹白露宫皇家剧院首次上演。传说中蹩脚的歌者路易十五在看完歌剧后的几天中不停地哼着"我失去了我的侍从,我失去了全部的幸福"这一乐句。然而,尽管歌剧取得了巨大的成功,卢梭还是拒绝了法兰西国王赐给他的能让他此生在物质上再无后顾之忧的封赏。反之,卢梭选择从事乐谱抄写员的职业谋生。乐谱抄写员在那个年代是社会上鲜为人知且收入微薄的手工职业。在《卢梭评判让-雅克：对话录》(*Dialogues. Rousseau juge de Jean-Jacques*)中我们可以读到，卢梭每抄写一页乐谱可以得到10索尔的收入，要知道那个时候一个工人的平均工资是每天15索尔。

手抄乐谱是一份耗时极久且需要精雕细琢的工作。再不显眼的一杠都可能带来致命的影响，以致不得不全部重来。

卢梭自称是一位糟糕的乐谱抄写员，因为他抄得很慢，还会出现很多失误。然而，尽管自谦无能，卢梭还是在1770—1777年抄写了不少于11 200页乐谱。显然，干得慢不等于干得少！

如果说，18世纪时印刷术已经发展成熟，那么为什么要手抄乐谱呢？为了回答这个问题，让我们打开他的作品《音乐辞典》，进入《乐谱抄写员》(«Copiste»)这一章节。在这篇极具独创性的文章中，卢梭给出了两个原因来解释为什么他口中的"印刷艺术"不适合音乐。第一个原因很令人意外。在他看来，首先在于那个年代人们的品位偏好，如同他写到的那样："相比于相同的书籍，我们会更快地厌倦相同的歌曲。"第二个原因更能说明问题：刻印音乐非常昂贵，音符的结构让印刷变得复杂,打印曲谱比打印语言文本更难回本。复制一份文章的手稿,比如说《社会契约论》,这很简单。然而,复制一份五线谱、音符,以及乐谱中广泛使用的各种不同符号(升号、降号、休止符等)会让印刻工作格外艰难。

让我们将悖论之绳拉到头:对于卢梭而言,复制乐谱远不是誊抄那么简单。为了让音乐家能够舒适地演奏,卢梭写道:"乐谱应该有着清晰可读的音符。"[1]在卢梭看来,复制的乐谱仅仅是和原谱一模一样,这还不够,复制的乐谱需要让人能够轻松地阅读和演奏。对此,艺术家的手实实在在地参与到作品的制作之中。在音乐家的演绎下,我们在无意识中聆听着乐谱抄写员的工作。应该说,在抄写的乐谱中,抄写员留下了自己的……印记。

推荐阅读

《让-雅克·卢梭,作曲家与乐谱抄写员》

Cécile Reynaud, «Jean-Jacques Rousseau, compositeur et copiste», *Revue de la BnF*, vol. 3, n° 42, 2012, pp. 80–88.

---

[1] [法]让-雅克·卢梭:《音乐辞典》,《卢梭全集》(*Œuvres complètes*)第5卷,巴黎:伽利玛出版社,1995年,第736页。

《音乐辞典》

Jean-Jacques Rousseau, *Dictionnaire de musique*, *Œuvres complètes*, tome V, Paris, Gallimard, coll. «Bibliothèque de la Pléiade», 1995.

《音乐新符号建议书》

Jean-Jacques Rousseau, *Projets concernant de nouveaux signes pour la musique*, *Œuvres complètes*, tome V, Paris, Gallimard, coll. «Bibliothèque de la Pléiade», 1995.

《乐谱抄写员卢梭:作家的另一面》

Jacqueline Waeber, «Rousseau copiste de musique: l'envers de l'auteur?», *in* Michael O'Dea (dir.), *Jean-Jacques Rousseau en 2012. «Puisqu'enfin mon nom doit vivre»*, Oxford, Voltaire Foundation, 2012.

让·梅叶：无神论神父

洛林一个小镇上普通而清贫的神父让·梅叶（Jean Meslier，1664—1729）在去世时留下了一封遗书。遗书中，这位神父为不忏悔的无神论辩护。

既是神父，又是无神论者，确实得说，梅叶的例子非同寻常。1664年，梅叶出生在阿登省的马泽尔尼，1729年去世，梅叶度过了还算平静的一生。因为家人的压力，他投入圣职之中。1689年，他被授神父，一生都在沙勒维尔市附近的小镇埃特列平和巴莱夫斯做乡村神父。从他的上司对他的评述中，我们可以得知让·梅叶是一个好神父。人们赞颂他的品质，特别是他的戒律。他严苛地实现了自己的义务。小镇中所有的孩子都完成了受洗,他坚守自己的职责,保障礼拜和所有仪式的完成。另外,他还很好地管理了堂区账目。一篇上司撰写的报告甚至明确说到他的图书馆里还有不少"好书"。总而言之,让·梅叶是一个无可指摘、值得尊敬的神职人员。

然而,我们在他编写的行政文件中注意到一个重要事件:在一次天主祷告时,这位神父拒绝为地方爵爷安东尼·德·图耶请求上帝的圣宠。在让·梅叶看来,这个地方爵爷欺压着贫苦的居民与孤儿。因为他的鲁莽,大主教告诫了神父。神父在一次布道时这样回应:

"这就是可怜的乡村神父的命运,那些尊贵的大主教蔑视他们,不听他们说什么。他们的耳朵只为贵族准备。因此,我们劝告这个地方的爵爷。我们为安东尼·德·图耶恳求,恳求上帝使他虔诚,予他荣光,让他不再欺压穷苦,剥削孤儿。"①

乍一看,我们很难察觉到让·梅叶的无神论倾向。我们更多感受到的是一位为最脆弱和最贫苦之人忧虑的神职人员。

表面上,让·梅叶符合我们对神职人员的想象。为了理解神父的无神论立场,我们需要走过他的人生,走

---

① 《作者生平》,载[法]让·梅叶:《让·梅叶全集》(*Œuvres complètes*)第1卷,巴黎:人类出版社(Éditions Anthropos),1970年,第27—28页。

向他的死亡。

1729年夏天,神父去世时,我们在他的遗书中发现了好几封信。在其中一封信里,让·梅叶邀请自己的同僚去往堂区教堂,他在那里留下了一份手稿,作为自己的回忆录。最为重要的是,回忆录中有着"对世界上所有天主和所有宗教之虚妄与错误的清晰且一目了然的论证"。

我们可以想象人们发现这封信时感到怎样的头晕目眩。在这一唯物论哲学的论述中,作者将宗教活动及相关职务定义为"人类的创造"。让·梅叶重点批判的是通过宗教力量实现的对人民的压迫。在他看来,宗教加剧了人与人之间的不平等,通过"想象出来的回报"引诱人们,将人们维系在他们现有的状态之中。

退一万步说,梅叶的抨击是极端的。连伏尔泰这个第一位为让·梅叶著传的人都没有如此猛烈地批判宗教。更甚的是,伏尔泰虽然出版了梅叶一些文章的片段,但却令人遗憾地隐去了他的无神论观点,而是将他塑造成为一位自然神论者。

让我们将悖论之绳拉到头:哲学家和神父不能合二为一。一方面,是受人尊敬的乡村神父,尽职尽责地履行自己的义务。另一方面,是无神论的唯物主义哲学家,在去世后才被人发现。因此,真正的"我"并不总是在生前被他人所了解,直到逝去,让·梅叶才能够真正地向人们展示自己,让人们真正地认识他。

推荐阅读

《让·梅叶易怒的智慧:无神论的神父》

Florian Brion, «La sagesse colérique de Jean Meslier, prêtre athée et parrhêsiaste», *Cahiers philosophiques*, vol. 4, n° 120, 2009, pp. 51-71.

《路易十四时期的梅叶神父:无神论、共产主义和革命家》

Maurice Dommanget, *Le Curé Meslier, athée, communiste et révolutionnaire sous Louis XIV*, Paris, Julliard, 1965, réédité par l'Institut français d'histoire sociale en 2008.

《作为他自己的梅叶》

Jean Fabre, «Meslier tel qu'en lui-même...», *Dix-huitième siècle*, n° 3, 1971, pp. 107-115.

《让·梅叶全集》

Jean Meslier, *Œuvres complètes*, éd. de Roland Desné, Jean Deprun, Albert Soboul, Paris, Éditions Anthropos, trois volumes, 1970-1972.

孟德斯鸠：法官

《论法的精神》(*Esprit des lois*)这部现代司法和政治思考奠基性源头之一的作品是由一名法官写成的，这在我们看来似乎再正常不过。虽然孟德斯鸠(Montesquieu，1689—1755)在波尔多高等法院有着绝对的话语权，却鲜少在伟大的作品中提及司法。他的哲学工作主要围绕其他话题展开，而不是他在日常工作中处理的内容。

提出司法、行政和立法权"权力分散"的著名思想家孟德斯鸠，于1714—1726年在波尔多高等法院担任法官的职务。他首先是推事，1716年起成为庭长。

作为推事，孟德斯鸠负责处理犯罪事务，属于处理刑事案件的刑庭(Chambre de la Tournelle)。他处理过的最重要的事件之一就是关于被人们称为"卡戈特人"的族群的权利风波。这一族群遭受歧视,因为人们揣测他们都是麻风病携带者。1724年1月19日,孟德斯鸠签署了判决书,判决要求人们遵守1723年7月7日波尔多高级法院承认卡戈特人权利的决定。孟德斯鸠的判决书强化了波尔多高级法院的判决。尤其值得注意的是,判决允许卡戈特人担任公职、出入教堂。

作为法官的孟德斯鸠并不是非常醉心于工作。他似乎更关心自己的葡萄园和在巴黎的旅行。在巴黎时,这位《波斯人信札》(*Lettres persanes*)的作者过着社交生活和文学生活。然而,孟德斯鸠非常重视法官的任务和责任。1725年11月11日他在波尔多高级法院复庭时的发言就是证明。在这篇法院复庭开幕词中,孟德斯鸠宣称,"法官本来就应该具备应有的司法道德,他谈论的只是'次要部分':这种道德应该发扬光大,灵敏,严苛且全体一致"[①]。

---

① [法]皮埃尔·雷塔(Pierre Rétat):《关于审判与法律执行公正的规定》(«Discours sur l'équité qui doit régler les jugements et l'exécution des lois»),载[法]凯瑟琳·伏比拉克-奥热(Catherine Volpilhac-Auger)、[法]凯瑟琳·拉瑞尔(Catherine Larrère)编:《孟德斯鸠词典》(*Dictionnaire Montesquieu*),里昂高等师范学院,线上文献,查阅于2013年9月。

一个好的审判者主要在于辨别真假、展现人性的能力。

法官具有司法道德,这应该是理所应当的。但这不意味着所有的法官都真的拥有司法道德!

在《论法的精神》的31个章节中,司法很少被视作规则条例(这些规则条例大部分是关于民法和刑法的)。特别是第一章,包含了各种各样的关于司法的论述,特别是自然法和人为法之间的区分,自然法独立于人类,而人为法则由人类通过规则制定。然而,我们并没有找到严格意义上的司法理论。另外,法国孟德斯鸠研究会会长、里昂师范大学的伏比拉克教授及法国哲学家、学者凯瑟琳·拉瑞尔主编的《孟德斯鸠词典》也没有包含"司法"词条。

尽管如此,司法的概念滋养着孟德斯鸠的整部作品。但是《论法的精神》的作者并没有把自己置于探讨公正与否的理论家的位置。对孟德斯鸠而言,重要的是在法与道德、法与政府形态的关系中对律法进行比较研究。他的方法更多处于政治思想的视野范畴中,这种政治思想关注政治自由,而孟德斯鸠将政治自由定义为"来源于每个人都确信自己安全的精神平静"。

我们正应以这种绝对必要的方式理解他关于分权的理论。人们常把"权力的分配"(la distribution des

pouvoirs)错误地称为"权力的分离"(la séparation des pouvoirs),即只有司法权力与另外两种权力"分离"开来。比如说,如果法官是立法人,他本人颁布了他执行的法令,这就会带来专制的风险。孟德斯鸠主要试图限制和控制权力。他的分析建立在一种人类学的观察之上:拥有权力的人自然走向滥用权力。就像孟德斯鸠的名言所说,"通过布局,让权力制约权力"。这是权力分配的意义和目标,在权力分配中,每个机构都得以调节和控制另外两种机构。

让我们将悖论之绳拉到头:如提尔·哈尼诗所言,孟德斯鸠没有提出任何关于司法的系统性理论,但是"他的整部作品都可以被理解为一种对司法实现之条件与方式的广阔研究"[1]。也就是说,状似司法到处都无,实则司法无处不在。

推荐阅读

《孟德斯鸠笔下的节制、司法与审判》

---

[1] [法]提尔·哈尼诗(Till Hanisch):《孟德斯鸠笔下的节制、司法与审判》(«Modération, justice et jugement chez Montesquieu»),载[法]凯瑟琳·伏比拉克-奥热编:《(再)读〈论法的精神〉》[(Re)lire l'Esprit des lois],巴黎:索邦出版社(Éditions de la Sorbonne),2014年。

Till Hanisch, *Justice et puissance de juger chez Montesquieu*, préface de Catherine Larrère, Paris, Classiques Garnier, 2015.

《孟德斯鸠词典》

Catherine Larrère et Catherine Volpilhac-Auger (dir.), *Dictionnaire Montesquieu*, en ligne: https://dictionnaire-montesquieu.ens-lyon.fr/fr/accueil.

《孟德斯鸠的现实性》

Catherine Larrère, *Actualité de Montesquieu*, Paris, Presses de Sciences Po, 1999.

《孟德斯鸠:自由、法律与历史》

Céline Spector, *Montesquieu. Liberté, droit et histoire*, Paris, Michalon, 2010.

阿瑟·丹托：艺术评论家

阿瑟·丹托(Arthur Danto, 1924—2013)，《寻常物的嬗变》(*La Transfiguration du banal*)的作者，为艺术意识留下了深深的烙印。如今，一切都能成为艺术，而丹托为此欢欣不已。他的艺术批评活动指向一种令人印象深刻的哲学转化，同时也回应了他自己的艺术实践。年轻时，丹托正是一名艺术家。

阿瑟·丹托并不满足于通过拷问艺术与现实之间渗透性边界的方式将"什么是艺术"这一问题理论化。这位《艺术世界》(«Monde de l'art»)的作者同样以艺术评论家的身份参与到艺术世界之中。

阿瑟·丹托生于1924年，1984年起成为《国家》

(*The Nation*)杂志艺术评论员。彼时他60岁,同时拥有一份纽约哥伦比亚大学哲学教授的光鲜工作。他的论文,和艺术批评一样,都被译为法语,以《未来的圣母》(*La Madone du futur*)为题出版。这一标题和英语原标题一致,借用了亨利·詹姆斯一部小说的书名。在这部小说中,一位画家渴望为完美的圣母画肖像。因为自己对完美的渴望而无从下手,画家一直没能开始创作自己伟大的作品。在《未来的圣母》前言中,丹托用两个理由解释了这一书名选择。一方面,这个书名很好地解释了他眼中自己与时间性、与事实之间的关系,他以假装自己已经在未来的方式领会未来。他写道:"我常常试图通过回望现在的方式看未来,好像现在已经成为过去。"[1]另一方面,如同他以幽默的口吻承认的那样,这一书名不受美国版权限制,因此人们可以自由地使用,为自己所用,赋予同一个书名与原作不同的意义。此外,这一借用的选择是典型的当代艺术行为。

阿瑟·丹托为自己的艺术批评活动确立了三个目的。

第一个目的,艺术批评应该更新一个作品的意义。

---

[1] [美]阿瑟·丹托:《未来的圣母》,[法]克劳德·哈里-舍费尔(Claude Hary-Schaeffer)译,巴黎:索伊出版社(Seuil),2003年,第15页。

这似乎理所应当,但事实并不总是如此。艺术作品包含意义的观点,并非得到所有人的认可。有些人有时会认为作品本身就足够,对作品的接受会缩减为单一的感受体验。除了我们面对一个作品的感受体验,就没什么要说的。丹托强烈地否认了"我们与艺术的关系限于一种感觉主义的纯粹审美的体验"这一观点。第二个目的在于撰写文章,让人们可以阅读并理解这些文章,但不一定要看过这些文章批评的作品。的确,《国家》杂志全美发行,但丹托分析的作品大多在纽约展出。因此,加利福尼亚或得克萨斯的读者们也应该能够在没有直接看到作品的情况下理解作品的内容。第三个目的在于确切地只选择自己尊敬且欣赏的作品。阿瑟·丹托斥责一种"恶意"——这就是他使用的词——即某些批评通过贬低和嘲笑艺术家的作品来获得快乐。说到底,这三个目标都建立在同一个原则之上:开明。对艺术的品味不能简化为一种个人的体验,而应该得到交流(这是第一目的)。艺术批评让没有机会看见作品的人也可以了解作品(这是第二目的)。批评的深度与中肯并不取决于其破坏力,而恰恰相反,取决于其迎接艺术家创作成果的能力(这是第三目的)。

事实上,他的批评工作非常接近他的哲学活动。他做艺术哲学研究和他写艺术批评的方式是一样的。

丹托从事的两种活动,即哲学与艺术批评,首先都将艺术视为首要对象。但除此之外,两者之间也有写作方式上的相似之处,准确、宽厚、欢快。他撰写批评文章时对自己作品清晰、协调和简明的要求,也是他要求自己的哲学写作应该拥有的品质。

然而,这两种形式的写作并非完全相互吻合。艺术批评的时间是受限的时间,和艺术哲学的自由时间非常不同。

我们在上文中说过,并非一定要看过展出的艺术作品才能理解丹托的写作。但与此同时,他在写作时同样想着,读者有可能会去直接欣赏他所批评的艺术作品。就像他写到的那样:"我的任务的一部分在于为我的读者添加装备,当他们去看展品的时候,我的这些思考可以给他们带来一些灵感。"[①]因此,应该让读者能够尽早阅读批评文章,从而有充裕的时间去博物馆或美术馆。哲学作品中显然没有这样的部分,对于哲学作品来说,与读者产生实际联系是非常困难的事情。

---

① [美]阿瑟·丹托:《未来的圣母》,[法]克劳德·哈里-舍费尔译,巴黎:索伊出版社,2003年,第9页。

让我们将悖论之绳拉到头：人们可能会认为，艺术批评曾经是阿瑟·丹托哲学审美的实验室。事实并非如此：丹托于1964年明确了自己思想中的大部分观点，那是在成为艺术评论家20年之前的事。人们常说，对艺术作品的感知让我们得以打磨理论概念，但在阿瑟·丹托这里，情况或许正好相反。

推荐阅读

《艺术世界》

Arthur Danto, « Le monde de l'art » (1964), *in* Danielle Lories, *Philosophie analytique et esthétique*, Paris, Klincksieck, 1988.

《寻常物的嬗变》

Arthur Danto, *La Transfiguration du banal. Une philosophie de l'art*, Paris, Seuil, 1989.

《未来的圣母》

Arthur Danto, *La Madone du futur*, trad. par Claude Hary-Schaeffer, Paris, Seuil, 2003.

《艺术与批评的哲学家：与阿瑟·丹托的对谈》

David Zerbib, « Portrait du philosophe en artiste et critique. Entretien avec Arthur Danto », *Proteus*, n° 7, 2014.

《哲学杂志》专刊《阿瑟·丹托》

Cahiers philosophiques, numéro « Arthur Danto », Réseau Canopé, vol. 1, n° 144, 2016.

马可·奥勒留：皇帝

罗马皇帝马可·奥勒留(Marc Aurèle, 121—180)在位20年,从161年起,直到180年去世。年轻时,奥勒留被培养成了斯多葛派哲人,他以斯多葛派的身份登基,以掌管广阔帝国的哲学家的身份撰写了《沉思录》(Pensées),这是斯多葛主义漫长历史中最后一部重要作品。

许多国王或国家元首都自称为哲学家,比如《驳马基雅维利》(Anti-Machiavel)的作者普鲁士的弗里德里希二世(又称"腓特烈大帝"),但是,只有马可·奥勒留既是真正的国家元首,又是完全意义上的哲学家。他是所谓"安敦尼王朝"君主中的最后一位,安敦尼的君主们以智慧与贤能著称。最后一位君主同样是最为著名的斯多葛主义哲学家之一。

121年,马可·奥勒留生于罗马一个富裕的家庭。他年轻时学习修辞、斯多葛主义哲学及绘画。他被安敦尼·毕尤(Antonin le Pieux)收养,161年他40岁时继承了养父的皇位。之后的20年,他肩负着帝王的责任。这是一种非同寻常的事件,像皮埃尔·阿多所言:"罗马有一位帝王,他的职业是哲学家,而且他还是一位斯多葛主义哲学家。"①

皇帝是个吓人的职业:那个年代,罗马帝国覆盖了整个地中海盆地,内部叛乱和外部战争数不胜数,还不算上自然灾害、地震和鼠疫,这些他都要管。一位君主应该是一个组织者,一个做决定的人,同样是一个出色的演说家和一个完美的战士。然而,马可·奥勒留既不信任辩术,也不喜欢战争。但是,他的确需要在公共场合演说,而当他的帝国受到攻击,他也必须要迎战……

我们不能说马可·奥勒留特别喜欢皇帝这一职业,但他还是稳妥地充满干劲地从事着这一职业。我们可以想象一下,他在自己广阔的帝国中四处驰骋,180年他

---

① [法]皮埃尔·阿多(Pierre Hadot):《内心的城堡:马可·奥勒留的思想导论》(*La Citadelle intérieure. Introduction aux Pensées de Marc Aurèle*),巴黎:法亚尔出版社(Fayard),1992年,第31页。

去世时远远离开了罗马,身处今天塞尔维亚附近的潘诺尼亚,正在率领部队投入一场战事之中。

如果说,所有这些政治和军事职责占据了他人生的大部分,好像没给哲学工作留下什么空间,那我们应该要记得,马可·奥勒留想要的并不是"从事哲学",而是"以哲学家的方式生活"。

当他登基时,已经是斯多葛主义者了,而他的哲学是实行自己的君主职责、使用自己理性和欲望的具体方式。这不是一种理论,而是一种行动中的哲学。

马可·奥勒留写过一系列的日记,这些日记没有标题。如今,我们把这些日记整理成册,称为《沉思录》。这些是他给自己的告诫,为了鼓舞自己的信仰,训练自己具体地体验这些信仰。卷二中有这样一种思想:"天蒙蒙亮时,我便告诉自己:今天,我会遇到一个冒失不妥的人、一个忘恩负义的人、一个粗暴无礼的人、一个背信弃义的人、一个狂妄自大的人。他们所有的缺点都来源于他们对于善与恶的无知。"①我们这样解读这句话:他们的恶源于他们不知道什么是善、什么是恶。我们斗胆

---

① [古罗马] 马可·奥勒留:《沉思录》,载[法] 马克西姆·俟尔 (Maxime Schuhl) 主编,[法] 埃米尔·布雷耶 (Emile Bréhier) 译:《斯多葛主义者们》(*Les Stoïciens*),巴黎:伽利玛出版社,1962年,第1146页。

地断言如今的国家元首和政府首脑同样每天都会遇见许许多多冒失不妥的人、背信弃义的人、傲慢无礼的人、忘恩负义的人。但是,当马可·奥勒留写下这些文字时,他是在勉励自己:我会遇到所有这些引起反感的人,甚至可以说,我在主动约见这些人!因此,我不应该感到气愤,而应该克服自己的恼怒,时刻提醒自己,如果他们傲慢无礼、背信弃义,那是因为他们对善一无所知,是因为他们不是哲学家。如果有可能,应该由我来将他们重新带向对人类共同体的感知。

让我们将悖论之绳拉到头:马可·奥勒留写给自己的日记不是理论著作,而是精神训练,旨在强化灵魂,调整表达和情绪。换句话说,这些文本的主要目的不是写给读者看的。然而,这些文本却在向我们说话,向我们这些既不是君主也不是斯多葛主义者的人说话。如果我们遇到了傲慢无礼或冒失不妥的人,让我们回想一下马可·奥勒留的话。

推荐阅读

《沉思录》

Marc Aurèle, *Pensées*, *in* Maxime Schuhl (dir.), *Les*

Stoïciens, trad. par Émile Bréhier, Paris, Gallimard, coll. «Bibliothèque de la Pléiade», 1962.

《穆索尼乌斯、爱比克泰德、马可·奥勒留》

Thomas Bénatouïl, *Musonius, Épictète, Marc Aurèle*, in *Les Stoïciens III*, Paris, Les Belles Lettres, coll. «Figures du savoir», 2009.

《身体作为精神训练或马可·奥勒留的悲观与乐观》

Pierre Hadot, «La physique comme exercice spirituel ou pessimisme et optimisme chez Marc Aurèle», *Exercices spirituels et philosophie antique*, Paris, Albin Michel, 2002.

玛丽·德·古纳：编辑与斗士

玛丽·德·古纳（Marie de Gournay，1565—1645），蒙田的"养女"，不知疲倦的《随笔集》编辑，也是坚定的作者，撰写了诸多专论，包括一些格外犀利的女性主义文章。

玛丽·德·古纳的名字常常和蒙田联系在一起，她是蒙田的"养女"。她主要参与了《随笔集》连续6次的编辑工作，包括1595年作者去世后的大型编辑工作。但玛丽·德·古纳同样是，或许应该强调她更是一名有着坚定观点和激烈风格的哲学家。她的很多论文都关注着语言学、道德和政治问题，包含了大约1700页文本。然而，她依旧默默无名，很少有人了解作为哲学家、作家和女性主义斗士的她——斗士这个词毫不夸张。玛丽·德·古纳是一位对当代现实问题表态的哲学家,她是最早撰写倡导"男女平等"文章的人之一。

生于1565年的玛丽·德·古纳于18岁时读到了蒙田的《随笔集》。这一阅读体验让她心潮澎湃,并将影响她的一生。1588年,她在巴黎遇见了蒙田,之后的几个礼拜,蒙田都在古纳位于庇卡底大区的城堡里度过。直至1592年蒙田去世,两人再也没有见过。但蒙田始终完全信任古纳,蒙田的遗孀也将蒙田正着手准备的《随笔集》增订本的编辑任务托付给了玛丽·德·古纳。1595年,古纳出版了这一增订本,并附上了一份极为个人化的序言,在这篇序言中我们读到这样一句值得引述的刚毅而强烈的表达:"其他人教授智慧,他(蒙田)则消除愚蠢。"[1]消除愚蠢,并非所有人都有这样的本事。

玛丽·德·古纳始终不知疲倦地维护着蒙田的风格和思想。在1639年的一封信中,晚年的她写道《随笔

---

[1] [法]米歇尔·德·蒙田著,[法]让·巴尔萨莫(Jean Balsamo)、[法]米歇尔·马格尼恩(Michel Magnien)、[法]凯瑟琳·马格尼恩·西蒙宁(Catherine Magnien-Simonin)编:《随笔集》(*Les Essais*),巴黎:伽利玛出版社,2007年,第19页。

集》"让法语成为世人不可缺少的语言"①。她想说的是蒙田让法语成为哲学语言,与拉丁语竞争。在她看来,蒙田比任何人都更知道如何挖掘法语语言的文学和知识资源。

玛丽·德·古纳很关心语言的质量。这种关心也体现在她的个人作品中。

玛丽·德·古纳是一位名副其实的作家,文风强劲有力。她的论战主要针对我们所说的发生在17世纪前几十年法语的"规范化"。她守护着隐喻的权力,哲学的语言有声有色,辛辣尖酸,所以这让如今的我们阅读起来并非总是易如反掌。

她的主要斗争在于"男女平等",这也是1622年她发表的论文的标题。她宣扬一种严苛的平等,而不是一种受压迫的女性针对压迫她们的男性的报复性优势。4年后,她于1626年发表了《女性的不满》,笔调更为激烈,作品中的女性被描述为一种奴隶,她们"只能成为也只想成为讨一群傻子和疯子欢心的人……世界上大多

---

① 《玛丽·德·古纳的未见信(1639年)》[«Une lettre inédite de Marie de Gournay (1639)»],载[法]吉勒·班德尔(Gilles Banderier)编:《蒙田研究》(*Montaigne Studies*)第16卷,2004年,第151—155页。

数人都是如此"①。在这些傻子和疯子之中,最糟糕的肯定是作者本人在文学和科学界中认识到的人,她们的名声与社会身份让她们受到的轻视显得更加难以忍受。通过自己的作品,玛丽·德·古纳本人也在试图"消除愚蠢",但却难以避免地察觉到世界上大多数人都不是虚心受教的好学生。

让我们将悖论之绳拉到头:编辑、译者、批评家、笔战者,玛丽·德·古纳不仅仅像人们界定的那样,是一个"文学圈子里的女人",更何况这一谬误的表达常常可能暗示着业余和轻浮。她是一位作家、一位哲学家,有着属于她那个时代的语言和文风,以及我们这个时代的思想与愤慨。

推荐阅读

《玛丽·德·古纳全集》

Marie de Gournay, *Œuvres complètes*, tomes I et II,

---

① [法]玛丽·德·古纳:《女性的不满》(*Grief des dames*),载《蒙田的养女玛丽·德·古纳》(*La Fille d'alliance de Montaigne. Marie de Gournay*),巴黎:奥诺雷·尚皮翁出版社(Honoré Champion),1910年,第92页。

Paris, Classiques Garnier, 2002.

《17 世纪初一位女性与知识的关系》

Mireille Habert, «La relation au savoir d'une femme au début du XVIIe siècle», *in* Paul Pasteur *et alii* (dir.), *Genre et éducation*, Mont-Saint-Aignan, Presses universitaires de Rouen et du Havre, 2009.

《追寻权威的女性论说》

Daniel Martin, «Un discours féminin en quête d'autorité», *in* Philippe Chométy et Sylvie Requemora-Gros (dir.), *Gueux, frondeurs, libertins, utopiens*, Aix-en-Provence, Presses de l'université de Provence, 2013.

《"濒恶之善":玛丽·德·古纳的道德哲学》

Marie-Frédérique Pellegrin, «"Le bien sur le bord du mal": la philosophie morale de Marie de Gournay», *in* «Women Philosophers in Early Modern France», éd. de Derval Conroy, *Early Modern French Studies*, vol. 43, 2021.

托马斯·霍布斯：贵族导师

《利维坦》(*Léviathan*)的著名作者托马斯·霍布斯(Thomas Hobbes,1588—1679)陪伴过两位德文郡的伯爵,威廉·卡文迪许二世(William Cavendish,1590—1628)及他的儿子威廉·卡文迪许三世(William Cavendish,1617—1684),在他们赴欧深造的多年"壮游"(Grand Tour)中伴随左右。

霍布斯1588年出生在英国西南的马姆斯伯里。他是一位早熟的天才：15岁起,他就开始翻译欧里庇得斯的《美狄亚》(*Médée*),不是翻译成英语,而是翻译成拉丁语。他和卡文迪许家族建有联系。霍布斯没有个人收入,一生都由卡文迪许家族资助。就这样,在17世纪10

年代,他陪伴后来成为德文郡伯爵和议会成员的威廉·卡文迪许去法国、意大利和德国各地旅行多年。20年后,1634—1636年,霍布斯又陪伴威廉·卡文迪许的儿子(他的儿子也取名为威廉)去法国和意大利。这是一种诞生于16世纪的新职业,18世纪得到发展。这一职业本质上就是一名家庭教师,陪伴一个年轻的贵族出国长期旅行,英国人将这种旅行称为"壮游",一种源于"游览"(tourisme)一词的说法。在理论学习之后,旅行能让年轻贵族习得外语,了解文化与传统的多样性,并建立有用的人际关系。

他在巴黎遇见了学者修道士马林·梅森(Marin Mersenne),在一封信中,梅森将霍布斯描述为"贵族导师"。"贵族导师"(Conducteur d'un seigneur)这一说法很可能是英语 Travelling Tutor("壮游导师")的翻译。这种导师既是学校教师也是游学陪同。用我们今天的话来说,他要负责全部后勤工作,组织年轻贵族与知识分子和其他社会人士碰面,从而完善年轻贵族的教育。

在古典时期有过许许多多的"贵族导师",不仅英国有,德国和意大利也有。但是毋庸置疑,霍布斯是他们之中最有威望的也是唯一的一位哲学家。

很长一段时间里霍布斯都从事着贵族导师的职业,

因为这是一门真正的职业。另外,他有幸活到91岁高龄,在那个年代他显得格外长寿。他正是在这长长人生的后半段中才构建起了自己的哲学。

1636年,当霍布斯第二次"壮游"时,他已经48岁。接下来的10年他都在巴黎度过,不过是以他本人的身份,而不是作为"壮游导师"。正是在巴黎时他写下了《利维坦》,和笛卡儿笔战,与巴黎的整个学界交流。

霍布斯的"壮游"是否滋养了他的哲学?一些评论认为第一次"壮游",也就是1610年拉瓦亚克刺杀亨利四世之后的那次旅行,帮助霍布斯树立了关于煽动叛乱的危险性和服从权力的重要性的信念。这是有一定可能的。无论如何,可以确定的是,霍布斯的思考从他作为旅行家和作为贵族导师的经验中获取养分。

让我们将悖论之绳拉到头:"壮游导师"在指导学生的时候自己也在学习,两位威廉·卡文迪许为霍布斯撰写的推荐信为他打开了仅凭"霍布斯"这个名字不一定能够敲开的大门。我们常说,旅行会培养年轻人,而"壮游导师"的职业正建立在这一说法之上。但是,在霍布斯的例子中,我们可以说这些旅行也培养了他本人,让他得以在晚年撰写出伟大的作品。

推荐阅读

《壮游:欧洲贵族的教育实践(16—18世纪)》

Jean Boutier, «Le grand tour: une pratique d'éducation des noblesses européennes (XVIe–XVIIIe siècles)», in *Le Voyage à l'époque moderne*, Paris, Presses de l'université Paris-Sorbonne, n° 27, 2004, pp. 7-21 (en ligne sur HAL).

《国际能力,一种职业的诞生和知识的传播:17世纪英国的贵族导师》

Jean Boutier, «Compétence internationale, émergence d'une "profession" et circulation des savoirs: le tuteur aristocratique dans l'Angleterre du XVIIe siècle», in *Saperi in Movimento*, éd. de Maria-Pia Paoli Pise, Edizione della Normale, 2009, pp. 149-177 (en ligne sur HAL).

《霍布斯年表:人生道路与思想轨迹》

Karl Schuhmann, *Hobbes. Une chronique. Cheminements de sa vie et de sa pensée*, Paris, Vrin, 1998.

克洛德·阿德里安·爱尔维修：包税人

克洛德·阿德里安·爱尔维修（Claude Adrien Helvétius，1715—1771）是 18 世纪最重要的唯物主义哲学家之一，我们认为这些哲学家的思想为法国大革命做出了重要铺垫。爱尔维修却在 13 年的时间里承担着包税人的职责，即收税员，这是旧政权时期最遭人厌恶的工作。

爱尔维修出生于 1715 年，主张极端的唯物主义，1758 年他在作品《论精神》(*De l'esprit*) 中阐述了这一主义。但是，这本书的发表引发了猛烈抗议，以致他不得不公开撤回言论。后来他题为《论人》(*De l'homme*) 的作品直到去世后才出版。"一切都还原为感受",他写道。"还原"一词至关重要,因为爱尔维修主张一种还原论。这种极端性不仅仅是认识论上的。在谈到黑奴交易时,爱尔维修写道:"运送到欧洲的糖桶几乎没有不沾人血的。"[①]这些可怕的文字给狄德罗留下了深刻的印象。

我们可能认为一种如此极端的思想应该诞生于一个社会边缘的孤独个体。但爱尔维修完全不是如此。爱尔维修的爸爸是路易十四的医生,之后又为路易十五的妻子玛丽·莱什琴斯卡(Marie Leszczynska)王后服务。他的家庭非常富裕,妻子安妮-卡特琳娜·爱尔维修操持着一间著名的文学沙龙,一直持续到18世纪末。家族财富让爱尔维修得以于1738年购买了包税人一职,彼时他23岁。他从事了13年包税人的工作,直到1751年,并从这个职务中挣到了一大笔钱。

包税人是由国王委派的负责收税的个体。包税人在自己负责的区域收税,然后上缴政府,同时可以以合法的方式保留一部分给自己。包税人是旧政权时期最

---

① [法]克洛德·阿德里安·爱尔维修著,[法]乔纳斯·斯蒂芬(Jonas Steffen)编:《论精神》第1卷第3章,巴黎:奥诺雷·尚皮翁出版社,2016年,第67页。这一引述摘自爱尔维修笔记。

令人憎恨的公务人员，他们中的很多人都在法国大革命中被砍头，包括著名的化学家安托万·拉瓦锡（Antoine Lavoisier）。爱尔维修于1771年去世，所以没有陷入这样的局面。

包税人这一职业让爱尔维修的唯物主义哲学蒙上了一层奇幻的色彩。

有的历史学家将爱尔维修想象为一个喜欢压迫剥削的包税人，甚至引发了波尔多人民反对葡萄酒税的征收。其他历史学家则恰恰相反，认为他是一个追求享乐、以兴趣为出发点的哲学家，并没有非常较真地履行自己的职务。说到底，这两种观点都将爱尔维修与他包税人的工作区分开来。但是，60多年前发现的一份重要文献揭露了截然不同的内容。历史学家罗兰·德斯内发表了这份文献，并对文献内容进行研究。这是一份关于1738年阿登地区包税人爱尔维修完成的税收巡回报告。这份报告资料翔实，详细说明了阿登地区不同城市与乡镇的基本情况，让我们看到这位未来的哲学家作为国家公务员的作为。另有一份1744—1745年的文件证明了爱尔维修曾提议重组税收，取消洛林地区一些通行税。彼时，爱尔维修正在洛林视察。爱尔维修的提议在于将税收系统合理化，从而更好地区分个体利益和整体利益。不过,爱尔维修正是在这一时期撰写了《论精神》。他在书中写道:"……人们只对自己的事情敏感,对其他人的事情漠不关心,生下来既不好也不坏,而是准备好根据一个将他们团结起来或者分裂开来的共同利益而成为这样或那样的人。"[1]

让我们将悖论之绳拉到头:"值得称颂的品德从来都不是确定无疑的品德"[2],爱尔维修这样写道。我们可以从这一声明中看到一些犬儒主义的影子,但更多是一种经验论的评定。包税人的职业或许给爱尔维修提供了丰富的观察经历,让他得以研究人类行为的原动力。他唯一关心的问题就是了解人类是否拥有除利益之外其他类型的动机。

推荐阅读

《论精神》

Claude-Adrien Helvétius, *De l'esprit*, éd. de Jonas Steffen, Paris, Honoré Champion, 2016.

---

[1] [法]克洛德·阿德里安·爱尔维修著,[法]乔纳斯·斯蒂芬编:《论精神》第1卷第24章,巴黎:奥诺雷·尚皮翁出版社,2016年,第200页。
[2] 同上书,第16章,第287页。

《阿登地区包税人爱尔维修巡行记(1738年)》

Roland Desné, « La tournée du fermier général Helvétius dans les Ardennes (1738) », *Dix-huitième siècle*, n° 3, 1971, pp. 3-40.

《1738年阿登地区包税人,爱尔维修的见证》

Gérard Gayot, « La ferme générale dans les Ardennes en 1738. Le témoignage d'Helvétius », *Dix-huitième siècle*, n° 3, 1971, pp. 73-94.

《洛林地区包税人爱尔维修:改革计划(1744—1745)》

Marie-Thérèse Inguenaud, « Le fermier général Helvétius en Lorraine: un projet de réforme (1744-1745) », *Dix-huitième siècle*, n° 18, 1986, pp. 201-213.

西塞罗:律师

律师、执政官、哲学家、作家,西塞罗(Cicéron,公元前106—前43年)的风格在文学史上留下了重要的一笔("西塞罗主义")。西塞罗从事过很多职业。但是,他是以律师的身份在罗马共和国末期的政治生活中树立威望的。

西塞罗是双重演说家,在法庭上是律师,在元老院和集会场是政客。公元前106年,西塞罗生于阿尔皮努姆(罗马南边的一个小城),他家庭富裕,但没有政治背景。他是罗马人所谓的 homo novus,即公共事务中的"新人"。这也是为什么他选择了律师这一职业,这个职业让他得以名利双收,从而在日后触及高层公务员的职务。他为被诬陷弑父的男人成功地辩护,证明其无罪,他的律师生涯就此开启。从年轻时起,西塞罗就在同时实践哲学,但他认为哲学与演讲艺术不能兼任。

哲学上,西塞罗像是一位怀疑论者,但他同时与柏拉图主义共情。他重要的哲学作品《论诸神的本性》(*De la nature des dieux*)及《论善恶之极》(*Des termes extrêmes des biens et des maux*)都是杜撰的对话,书中不同哲学学派的代表针锋相对。对西塞罗而言,这是一种为罗马人介绍希腊哲学学派的方式,也是将希腊哲学的基础概念翻译为拉丁语的途径。西塞罗的希腊语和拉丁语一样流利,但是他认为希腊哲学可以与其语言分离,毫无损耗地转移到另一门语言之中。这一姿态在哲学层面上非常重要:他将哲学思想从特定语言的锚定之中解放出来。

在西塞罗的哲学工作与律师或演说家的职业之间,存在一种复合的延续。

演说艺术有三个目的:动摇、教育与说服。演说艺术是实时的艺术,西塞罗很多时候强调肢体语言、面部表情、手势和嗓音。不过,所有这些都在书写的哲学散文中消失,哪怕是如同上文中提到的以虚构的对话方式呈现的哲学作品。在《论演说家》中,西塞罗提到了律师的怯场:"演说家越有价值,他就越容易慌乱"①,因为他知道,如果自己犯了一个错误,他的对手不会饶过他,公众也不会原谅他。他补充道:"独自一人在人数众多的集会上说话,而大家为了倾听都静默不语,这是一个棘手的任务。"②西塞罗甚至说,"一位从未怯场的演说家不是好演说家"③。不过,西塞罗笔下参与哲学对话的人物从来没有怯场,因为他们并非在现实世界中说话。

这里,我们要强调一个独特之处。如果说我们能了解西塞罗的辩护词和演说,那是因为他把辩护词和演说内容都写了下来且发表出来。在控告维勒斯的 7 篇演说之中,只有 2 篇是实时演说,另外 5 篇都只是文稿。于是,我们不禁要问,在律师的工作中,西塞罗是否在寻求效率之前略过了文学层面。他一定会回答,两者是相辅相成的。

让我们将悖论之绳拉到头:西塞罗所有哲学作品几

---

① [古罗马]西塞罗:《论演说家》(*De l'orateur*),载[法]帕特里斯·索勒(Patrice Soler)编译:《演说家的诞生:西塞罗、昆提良、圣·奥古斯汀》(*L'Invention de l'orateur. Cicéron, Quintilien, saint Augustin*),巴黎:伽利玛出版社,2021 年。
② 同上书,第 116 页。
③ 同上书,第 119 页。

乎都是虚构对话,然而他的律师辩词都是实时演说,说给我们这些不清楚其意图的听众。然而,相比于辩论词,西塞罗本人的哲学之声在虚构的对话之中更为响亮,结论也更为开放。

推荐阅读

《控告维勒斯》

Cicéron, *Seconde action contre Verrès*, Paris, Les Belles Lettres, coll. «Budé», 1960.

《维勒斯事件》

Cicéron, *L'Affaire Verrès*, Paris, Les Belles Lettres, coll. «Le Goût des idées», 2015.

《论演说家》

Cicéron, *De l'orateur*, in *L'Invention de l'orateur. Cicéron, Quintilien, saint Augustin*, éd. et trad. par Patrice Soler, Paris, Gallimard, coll. «Tel», 2021.

《从〈演说术的分类〉到〈图斯库路姆论辩集〉:变化中的西塞罗式对话》

Carlos Lévy, «Des *Partitions* aux *Tusculanes*. Le dialogue cicéronien en mutation», *in* Laurence Boulègue, Giorgio Ieranò et Alice Bonandini (dir.), *Le Dialogue de l'Antiquité à l'âge humaniste. Péripéties d'un genre dramatique et philosophique*, Paris, Classiques Garnier, 2023.

《罗马共和国城邦居民的职业》

Claude Nicolet, *Le Métier de citoyen dans la Rome républicaine*, Paris, Gallimard, 1976.

芭芭拉·卡森：精神疾病青少年教育家

芭芭拉·卡森（Barbara Cassin，生于 1947 年）因为和患精神疾病的青少年一同工作而开始思考语言问题，其中包括一名完全性的缄默症患者。而语言问题成了她所有作品和所有写作的目标与红线。

哲学家卡森如今是法兰西学院 36 号座椅院士，她的个人经历和学术经历既丰富又多样。卡森的博士论文以诡辩术为主题，1980 年以《如果巴门尼德》(*Si Parménide*)为题出版。与此同时，卡森于 1974—1976 年在巴黎艾蒂安·马塞尔日间医院负责教授患有精神疾病的青少年。对她而言,这一经历并不有趣,但具有决定性。如今,她仍然视这段经历为她职业生涯中最重要的经历之一。就像她写的那样,"意料之外,但都因为爱",这位大学生,年轻的哲学研究者,发现自己从事了一个从未预见自己会选择也未曾接受相关培训的职业。她作为教育家的工作主要在于教这些"疯孩子"①法语——她这样温柔地称呼这些患病的青少年,从未把他们称作"学生"。要学法语的话,有什么会比和这些孩子一起专注于古希腊研究更合适的呢?特别是沉浸在柏拉图的哲学语言之中。因此,在奇特的与我们的字母表完全不同的字母表之中,以柏拉图的《克拉底鲁》(*Cratyle*)为文本,卡森带领着青少年们意识到除了他们的母语,世界上还存在着更令人不熟悉的语言。

这些青少年经历了困难的人生,他们中很多人在公共救济机构生活过。她在哲学自传《幸福,对死亡慈悲》(*Le Bonheur, sa dent douce à la mort*)中讲述了这些故事。为了让这些孩子和属于他们的语言和解,卡森引导孩子们和语言、词句玩耍。正是如此,她带着这些封闭

---

① [法]芭芭拉·卡森:《鱼的溺亡》(«Noyade d'un poisson»),载《与最小与最不起眼的人在一起》(*Avec le plus petit et le plus inapparent des corps*),巴黎:法亚尔出版社,2007年,第48页。

在缄默中的孩子去发明古怪的词源。孩子们正是带着这种娱乐精神设计了一份报纸,到大街上售卖,而这份报纸最初的读者是巴黎艾蒂安·马塞尔街道上的妓女。

以这第一份有报酬的工作为基础,芭芭拉·卡森创作了一篇尖锐辛辣而又震动人心的小说,题为《鱼的溺亡》,并发表在作品《与最小与最不起眼的人在一起》中。这篇小说后来在她的作品《诡辩者雅克:拉康、逻各斯与精神分析》(*Jacques le sophiste. Lacan, logos et psychanalyse*)的跋中重新编辑出版。这本书讲述了1975年前后她与雅克·拉康的交流,拉康恳请她教自己什么是学述(Doxographie)。这里,学述也在于词句和语言的力量。

这一教育学家的经历,对精神分析的敏锐认知,包括语言学家和哲学家的工作,有一个共同点,那就是——这些都是关于语言的工作,也都是从语言出发的工作。

就像芭芭拉·卡森在自己的访谈和对话中常常提到的那样:"我总是在关心词语能够做到的事情。"

无论是她对被传统哲学抛弃的诡辩派的重建工作,还是她对精神分析的关注,或是她对处在理性边缘的所谓"疯子"和"精神病"的关心,芭芭拉·卡森重新赋予话语与语言全部的力量和完整的复杂性。对于人类而言,生活,与其说是说话,不如说是表达,是翻译。从一种语言到另一种语言的过程中很难没有摩擦。每种语言都承载着一个属于它自己的世界。这种语言的复杂性正是芭芭拉·卡森在《欧洲各国哲学术语：无法翻译的词汇辞典》(*Dictionnaire des intraduisibles*)中探讨的主题。

让我们将悖论之绳拉到头：诚如芭芭拉·卡森作品的标题《不只语言》(*Plus d'une langue*)所言——这既是她的学院佩剑上的刻字,也是这位处在边缘也探索边缘的哲学家身上的奇特悖论——在印刷中,页边是留白、无言的空间,没有文字。而在芭芭拉·卡森眼中,这一空间反倒成为话语和思想的滋养。确切来说,"不只语言"是为了不将任何人留在边缘。

推荐阅读

《如果巴门尼德》

Barbara Cassin, *Si Parménide*, Villeneuve-d'Ascq, Presses universitaires de Lille, 1980.

《欧洲各国哲学术语：无法翻译的词汇辞典》

Barbara Cassin (dir.), *Vocabulaire européen des philosophies. Dictionnaire des intraduisibles*, Paris, Seuil/Le Robert, 2004.

《诡辩者雅克:拉康、逻各斯与精神分析》

Barbara Cassin, *Jacques le sophiste. Lacan, logos et psychanalyse*, Paris, EPEL, 2012.

《不只语言》

Barbara Cassin, *Plus d'une langue*, Montrouge, Bayard, 2012.

《说,其实是做》

Barbara Cassin, *Quand dire c'est vraiment faire*, Paris, Fayard, 2018.

《幸福,对死亡慈悲》

Barbara Cassin, *Le Bonheur, sa dent douce à la mort. Autobiographie philosophique*, Paris, Fayard, 2020.

《在语言之中,为了语言》(芭芭拉·卡森对谈录)

Entretien avec Barbara Cassin transcrit par Clémentine Paliotta, propos recueillis par Anne-Lorraine Bujon et Anne Dujin, «Dans et pour la langue», *Esprit*, décembre 2019, pp. 48-56.

索伦·克尔凯郭尔:食利者

索伦·克尔凯郭尔(Søren Kierkegaard,1813—1855)撰写过一部重要的哲学作品,作品深刻地影响了20世纪哲学,特别是所谓的"存在主义"哲学。经济上,他靠着从父亲那里继承的财富生存。不过,他更希望成为牧师……

克尔凯郭尔是一个非常独特的人物。他自己也意识到了这一独特性,因此在自己墓碑上刻上了这样的墓志铭:"那个个体。"克尔凯郭尔首先将自己视作一位"宗教作者",但是人们有充分的理由将他视为一位真正的哲学家。我们将克尔凯郭尔视作哲学家,主要是因为他为20世纪哲学撰写的重要作品——特别是对于所谓"存在主义"的思想流派,同样因为他的作品内容极具独创性。

1813年,克尔凯郭尔生于哥本哈根,有一位非常富有的父亲。他完成了神学和哲学学业,并进行了题为《论反讽概念:以苏格拉底为主线》(*L'Ironie constamment rapportée à Socrate*)的哲学博士论文的答辩,接着出版了众多作品。1838年,父亲去世,克尔凯郭尔继承了可观的遗产。

克尔凯郭尔从未工作过,准确来说,是从未从事过得到承认的职业。在经济上,克尔凯郭尔是一位食利者。长期以来,人们都愿意相信他一点也不在意钱,不关心财务,这似乎很符合我们对哲学家常常抱有的有点理想主义的印象。但事实并非如此。克尔凯郭尔在《日记》(*Journal*)里经常聊到钱的问题,很多文献都能证实克尔凯郭尔十分悉心地打理着自己的财产,选择了不少好投资,并在合适的时机售出了相当的价值。克尔凯郭尔大大方方地当着一位资本家。在他眼中,为了真正的基督教而斗争,这是唯一重要的事情。

要补充的一点是,克尔凯郭尔的作品也给他带来收入。而且,他的文学创作成果也相当可观。但所有这些都没能阻止他一点点蚕食了自己的老本。1855年,42岁的他去世时,几乎是破产的状态。应该相信,他的支出远超自己的所有。因此,人们可能不禁会想,说到底,财产管理是否才是克尔凯郭尔的"真正"职业。

但是,人们可能也会猜测,坦率来说,克尔凯郭尔是否在偷偷地从事着一种违法而隐秘的工作。

克尔凯郭尔一心想要成为路德教教堂的牧师。他后来放弃这个计划,是因为他估摸着自己无法胜任这一职位,更不要说他拒绝顺从他蔑视的教会等级制度。他作为"被矫正的牧师",就像我们所说的"被矫正的左撇子"一样,专注于撰写布道,但是他不能称之为"布道",因为他不是牧师,他不能布道。克尔凯郭尔彼时将这些"布道"称为"有教益的演讲"。这些宗教演讲构成了20卷作品《索伦·克尔凯郭尔全集》(*Œuvres complètes*)中的好几卷,其中不乏一些优美的篇章。

另外值得关注的一点是,这些署名为"克尔凯郭尔"的宗教演讲实际上极少被人阅读。而那些更多人阅读的克尔凯郭尔哲学作品,比如《重复》(*La Reprise*)、《非此即彼》(*L'Alternative*)、《哲学性片段》(*Les Miettes philosophiques*),都署了不同的笔名。克尔凯郭尔说,他的哲学作品都是"左手"写成的,而"右手"写成的则是宗教文本。克尔凯郭尔,是"左右开弓"的作家。

让我们将悖论之绳拉到头:在《恐惧与战栗》(Crainte

et tremblement)中,克尔凯郭尔写道,真正的"信仰的骑士"、真正的基督教徒,是不会出现在街道上的,因为他看起来像哥本哈根的资本家。同样,克尔凯郭尔"真正"的职业也不会为人察觉,因为那是一份隐秘的工作。而他的天才之举,在于将这一"真正"职业的成果,即签上本人姓名的布道,隐藏在署上笔名的轰动作品的背后。

推荐阅读

《独特哲学:论克尔凯郭尔》

Vincent Delecroix, *Singulière philosophie. Essai sur Kierkegaard*, Paris, Éditions du Félin, 2006.

《索伦·克尔凯郭尔》

Johannes Hohlenberg, *Søren Kierkegaard*, chap. VII, «Intermède financier», Paris, Albin Michel, 1956.

《索伦·克尔凯郭尔全集》

Søren Kierkegaard, *Œuvres*, Paris, Éditions de l'Orante, vingt volumes (dont plus de cinq consacrés aux «discours édifiants»), 1966 et années suivantes.

《索伦·克尔凯郭尔书信集》

Søren Kierkegaard, *Correspondance*, Paris, Éditions des Syrtes, 2003.

贝尔纳·斯蒂格勒：抢劫犯

贝尔纳·斯蒂格勒（Bernard Stiegler, 1952—2020）不是唯一进过牢房的哲学家。苏格拉底和波爱修斯都在监狱里去世，安东尼奥·葛兰西在狱中度过了多年时光，狄德罗待了几个月。但是贝尔纳·斯蒂格勒是唯一通过牢狱接触到哲学的人。

年轻时，贝尔纳·斯蒂格勒没有任何接触哲学的机会。我们常听到关于他人生的讲述，特别是他本人在许多采访中谈到的内容。出生于 1952 年的贝尔纳·斯蒂格勒上学时间不长，很快就开始从事不同的职业：服务员、办公室职员、农业工人、牧羊人，还开过一个勉强维持的酒吧。最后,他选择去抢银行来维持酒吧,不过没有发生流血事件。他被逮捕、判刑,从1978年到1983年,先后在图卢兹的圣米歇尔监狱和米雷的拘留所度过了5年时光。5年的封闭、孤独、沉默,也是5年的高强度阅读。这5年对他来说不仅是一种人性的体验,还是他自己的哲学体验。

出狱后,贝尔纳·斯蒂格勒完成了关于技术的博士论文的答辩,之后被任命为法国声学与音乐研究所(Institut de Recherche et Coordination Acoustique/Musique, IRCAM)所长,这是一所享有盛名的音乐与技术研究中心。正是在那个年代,他在一本感人至深又言简意赅的小书《付诸行动》(*Passer à l'acte*)中公开地讲述了自己的监狱岁月。斯蒂格勒后来成为蓬皮杜艺术中心的创新研究负责人。与此同时,出版了50多部作品,有些是独作,有些与他人合作完成。

我们无法用几句话总结贝尔纳·斯蒂格勒形态繁多的思想。但是,我们可以提纲挈领地从中提炼出几个重点:对抗捕捉我们注意力和精神力的市场营销和社交网络(实际上是"反社交"的网络),并揭露具有吞噬性的数字化带来的风险。引用斯蒂格勒的话来说,危险是

"机械主义中的知识授权"①。

从苏格拉底开始,也有其他哲学家进过监狱,但是贝尔纳·斯蒂格勒的经历独一无二。

贝尔纳·斯蒂格勒不是唯一的经历过监狱生活的哲学家。除了苏格拉底,我们还会想到狄德罗和安东尼奥·葛兰西。但是,斯蒂格勒的入狱与狄德罗或苏格拉底的入狱之间有着两方面的不同:狄德罗或苏格拉底因为他们的思想入狱,然而斯蒂格勒则是因为抢劫银行;苏格拉底和狄德罗的哲学先于监禁,甚至是入狱的原因,然而斯蒂格勒的哲学则发生在监禁之后。斯蒂格勒是在狱中实实在在地体会了胡塞尔所谓的"现象学悬置"(épokhè phénoménologique),这是一种思想态度——自愿地将对外部世界存在的自发信任放在一边。现象学家首先应该假设外部世界不存在,但对于斯蒂格勒而言,在自己的禁闭室里,不需要假设,这就是现实——他的现实。正是在这一层面上,贝尔纳·斯蒂格勒不仅仅在监狱中遇见了哲学,更通过监狱遇见了哲学。从这个视角出发,斯蒂格勒的经历是独一无二的。

---

① [法]贝尔纳·斯蒂格勒:《爱比米修斯的过失》(La Faute d'Épiméthée),《技术与时间》(La Technique et le temps)第1卷,巴黎:伽利略出版社(Galilée),1994年,第96页。

让我们将悖论之绳拉到头：斯蒂格勒分析了苏格拉底在狱中的态度，而他本人和苏格拉底一样，忠于城邦律法，哪怕是在他冷酷无情地批判社会运转和数字偏移的时候。

在2017年《精神》杂志的一次访谈中，斯蒂格勒说："在1978—1983年，我和与我关在一起的人说：我们不应该想方设法地逃走，而是应该改造这段监禁的经历，学着从中创造出什么，学着改变这段经历的面貌。"①这些话肯定不仅局限于监狱经历。贝尔纳·斯蒂格勒教给我们的是，我们集体封闭在一片有着巨大危险的自然和世界之中。我们不能从中逃离，但是我们应该也能够"从中创造出什么"，这也是他所说的"分岔"（*bifurquer*）。

推荐阅读

《贝尔纳·斯蒂格勒（1952—2020）：从〈技术和时间〉到积极药理学》

Franck Cormerais, «Bernard Stiegler (1952—2020).

---

① [法]贝尔纳·斯蒂格勒：《不纯粹理性批判：贝尔纳·斯蒂格勒访谈》(«Critique de la raison impure. Entretien avec Bernard Stiegler»)，《精神》(*Esprit*) 2017年3—4月刊。

De La Technique et le Temps à la pharmacologie positive», *Hermès*, no 88, 2021/2, pp. 340-348 (en ligne).

《付诸行动》

Bernard Stiegler, *Passer à l'acte*, Paris, Galilée, 2003.

《社交网络:政治文化和社会网络工程学》

Bernard Stiegler (dir.), *Réseaux sociaux: culture politique et ingénierie des réseaux sociaux*, Limoges, FYP éditions, 2012.

《不纯粹理性批判:贝尔纳·斯蒂格勒访谈》

Bernard Stiegler, «Critique de la raison impure. Entretien avec Bernard Stiegler», *Esprit*, mars-avril 2017.

《分岔:别无选择》

Bernard Stiegler (dir.), *Bifurquer, il n'y a pas d'alternative*, Paris, Les Liens qui libèrent, 2021.

爱比克泰德：奴隶

爱比克泰德(Épictète,约50—约138年①)是唯一长时间做过奴隶的大哲学家,最终获得自由(柏拉图也做过奴隶,但是时间短暂)。奴隶肯定算不上一种职业,但算是一种生活状态,而这种生活状态深刻地影响了爱比克泰德的思想。

我们对爱比克泰德的人生知之甚少,但是他曾经为奴,这是个确定的事实。爱比克泰德的主人名叫爱帕夫罗迪德(Épaphrodite),后者本人之前也是奴隶。所以说,做奴隶这件事并不妨碍你在获得自由之后自己也去

---

① 法语原版中爱比克泰德的生卒年为：50—125。

购买奴隶!

罗马帝国奴隶的生活状态可能差距很大,奴隶们负责的工作可能截然不同。最底层的奴隶在矿山或田野工作,中层奴隶在房屋中工作,高层奴隶则是医生或教师。爱比克泰德大概率属于高层奴隶。他年轻时甚至被允许学习斯多葛主义哲学的课程。尽管如此,他依旧受到严格奴役,他的主人似乎非常严厉。

爱比克泰德可能在比较年轻的时候就获得自由了,但是这一经历给他带来了足够的影响,在谈话中他多次提到了这段经历。和苏格拉底一样,爱比克泰德没有留下任何书面作品,我们认为是他的学徒亚利安编写了《爱比克泰德论说集》(*Entretiens*)和《爱比克泰德手册》(*Manuel d'Épictète*),这些都是自古以来真正的哲学畅销书。

爱比克泰德强调"力所能及的事物"和"力所不能及的事物"之间的区别。人类行动和自由的全部内容都包含在力所能及的事物之中。调节自己的欲望和思想是我们力所能及的,但是外在事件无法控制、力所不及,因此应该接受事件的到来,包括痛苦和死亡,也包括奴役。

曾经的奴隶爱比克泰德并不谴责奴隶制。

这对我们来说可能有点意外,甚至震惊,但古代的奴隶制是一种自然而然的制度，似乎理所当然。因此，爱比克泰德并不谴责奴隶制。历史上当然存在奴隶反抗，其中斯巴达克斯最为出名，那发生在爱比克泰德出生前的一个世纪左右。但是，在希腊罗马世界，无论是斯多葛主义者，还是基督教神学家，都不会质疑奴隶制。他们只是要求主人们好好地对待自己的奴隶，将体罚降到最低。

不过，爱比克泰德谴责另一种形式的奴隶制，这种奴隶制将我们困在自己的欲望和情绪里，让我们依附于物质财富或社会地位。爱比克泰德说，奴隶想要自由，因为他认为自由的生活更加轻松。但是他弄错了。如果不能支配自己的欲望，那么曾经的奴隶依然会被他人控制。爱比克泰德还说："到达巅峰，成为行政官的人一走进元老院就要遭受新的奴隶制，这是所有奴隶制中最美好也是最顽固的一种。"①所有让我们从属于他人的事物，无论是爱情、舆论还是社会意义上的成功，都是一种奴隶制。谄媚者和候选人都是不自由的。至于爱比克泰德，他过着清贫的生活，家门敞开，因为家里没有任何

---

① 《关于自由》(«De la liberté»)，载[古希腊]爱比克泰德著，[法]约瑟夫·苏瓦耶(Joseph Souilhé)、[法]阿曼德·贾古(Armand Jagu)编，[法]约瑟夫·苏瓦雷(Joseph Souilhé)译注：《爱比克泰德论说集》第4卷第1章，巴黎：纯文学出版社(Les Belles Lettres)，1991年。

可偷的东西。

让我们将悖论之绳拉到头：爱比克泰德说，奴隶将自己的时间花在关注主人的愿望之上，而不是关注自己的愿望。真正的自由在于只渴望力所能及的事物，也就是改善自己的灵魂，善用自己的意愿。如今，大部分的社会废除了奴隶制，以及伴随着奴隶制的各种暴力行为。但是，前奴隶爱比克泰德所谴责的另一种顽固的奴隶制形式，虽然不那么暴力，却更为阴险狡诈，总是阻碍着人们真正获得自由。

推荐阅读

《怎样及为何结束古代奴隶制》

Marc Bloch, «Comment et pourquoi finit l'esclavage antique», *Annales. Économie, Sociétés, Civilisations*, n° 1, janvier-mars 1947 (première partie) et n° 2, avril-juin 1947 (seconde partie) (en ligne).

《奴隶：共和国时期的罗马和奴隶制》

Jean Christian Dumont, *Servus. Rome et l'esclavage sous la République*, Rome, Éditions de l'École française de Rome, 1987.

《爱比克泰德论说集》《手册》

Épictète, *Entretiens* (réunis par Arrien de Nicomédie) et *Manuel*, *in* Maxime Schuhl (dir.), *Les Stoïciens*, trad. par Émile Bréhier, Paris, Gallimard, coll. «Bibliothèque de la Pléiade», 1962.

克洛德·列维-斯特劳斯和蒂娜·德雷福斯：人类学家

克洛德·列维-斯特劳斯(Claude Lévi-Strauss，1908—2009)于1935—1936年及1938—1939年两度赴巴西进行人类学考察，而这两次都有他当时的妻子蒂娜·德雷福斯(Dina Dreyfus，1911—1999)同行。归来时，他成为人类学家。1939年夫妻分手，克洛德继续人类学之路，而蒂娜重新回到了哲学领域。

克洛德·列维-斯特劳斯的人生，更准确地说是第二人生，始于1935年，从他去巴西开始。就像人生中常发生的事情一样，一次普通的插曲，一次意料之外的事件,人生突然就走上了截然不同的道路。对于列维-斯特劳斯而言,这个插曲是1934年10月一个周日早上9点接到的当时巴黎高等师范主任赛雷斯汀·布格雷(Célestin Bouglé)打来的电话。布格雷推荐他去申请圣保罗的一个教师职位。正是如此,年轻的哲学家离开了他在埃纳省拉昂市的工作。列维-斯特劳斯不是因为使命走向人类学,而是因为一次号召。这一任务对他而言远远不只是一次普通的工作机会。就像他本人所言,这是"最后的希望"。在哲学授课中,列维-斯特劳斯感觉自己不在该在的位置,他挺严厉地批判道,哲学是"一种智力练习,同时也让思想枯竭"[1]。

因此,他和人类学的相遇并不是始于一种本土社会之中身临其境的经历,这一相遇首先是知识层面上的。这位哲学家是在法国,以阅读奥地利人类学家罗伯特·哈利·罗维(Robert Harry Lowie)的作品《初民社会》(*Primitive Society*)的方式,完成了自己的第一次人类学"考察"之旅。

而真正意义上的旅行始于1935年2月的一个早

---

[1] [法]克洛德·列维-斯特劳斯:《如何成为人类学家》(«Comment on devient ethnographe»),载《忧郁的热带》(*Tristes tropiques*)第2部分《路上落叶》(«Feuilles de route»)第6章,巴黎:普隆出版社(Plon),第55页。

晨,列维-斯特劳斯在马赛港登上了驶向圣保罗桑托斯港的轮船。但列维-斯特劳斯并非独自一人出发。他的妻子,同为哲学家的蒂娜·德雷福斯一同前往。这一细节至关重要。

而且,与其说蒂娜·德雷福斯陪伴列维-斯特劳斯,不如说他们相互陪伴。

蒂娜·德雷福斯的确进行着自己的人类学调查的工作,而且和列维-斯特劳斯一样受到巴西和法国官方的委托。因为远行日志丢失,所以这次旅行鲜有材料记载。两位人类学家主要忙于考察一个考古遗址,尤其关注泰诺族的印第安人。虽然说人们往往将这一次远行和克洛德·列维-斯特劳斯联系在一起,但其实他的工作与蒂娜·德雷福斯的工作密不可分。如同马塞尔·莫斯(Marcel Mauss)在1936年2月20日给克洛德·列维-斯特劳斯的信中写的那样:"这封信自然不仅是写给您的,也是写给您妻子的。我将她与您混同在一起,在我的脑中也是如此。"这种混同模棱两可,因为它既承认了蒂娜·德雷福斯的工作,又抹杀了她的工作。

这次远行中,克洛德·列维-斯特劳斯和蒂娜·德雷福斯遇到了卡杜维奥人和博罗罗两个美洲人种。克洛德·列维-斯特劳斯在《忧郁的热带》中描绘了这两个人种的生活模式、穿着方式、消费模式,以及喝马黛茶的方式。我们也从中读到,在卡杜维奥人中,"堕胎和杀婴几乎是正常的行为"①,而孩子们直到14岁都在家族之外长大。

让我们将悖论之绳(或者说是矛盾之绳)拉到头:"矛盾",这是克洛德·列维-斯特劳斯在《忧郁的热带》中采用的词,用来说明人类学家左右为难的立场:一方面,他们的研究方法不允许他们审判自己所研究的社会的种种行为;另一方面,他们的道德义务要求他们审判那些如果发生在他们自己的社会中必定遭受审判的行为,例如杀婴。这可能就是那种人们注定经历但永远无法完全解决的矛盾。但是,正如列维-斯特劳斯在哲学著作中写道:"想要理解一切,就不要试图改变一切。"②

推荐阅读

《克洛德·列维-斯特劳斯导读》

Frédéric Keck, *Claude Lévi-Strauss. Une introduction*,

---

① [法]克洛德·列维-斯特劳斯:《如何成为人类学家》,载《忧郁的热带》第2部分《路上落叶》第6章,巴黎:普隆出版社,第206页。
② 同上书,第9部分《返程》(«Le retour»)第38章《一小杯朗姆》(«Un petit verre de rhum»),第446页。

Paris, Pocket, 2005.

《忧郁的热带》

Claude Lévi-Strauss, *Tristes tropiques*, Paris, Plon, 1955.

《结构人类学》

Claude Lévi-Strauss, *Anthropologie structurale*, Paris, Plon, 1958 (tome I), 1973 (tome II).

《初民社会》

Robert Harry Lowie, *Primitive Society*, New York, Liveright, 1947 [1920].

《列维-斯特劳斯传:我们都是野蛮人》

Emmanuelle Loyer, *Lévi-Strauss*, Paris, Flammarion, 2015.

伊丽莎白：修道院院长

伊丽莎白（Élisabeth，1618—1680）首先因为与笛卡儿长时间的通信而出名。但是，最近的研究展现出她远远不仅是笛卡儿这位"大哲学家"的通信者。

伊丽莎白的人生非常独特，甚至堪称传奇。她生于1618年，她的父亲1620年成为波西米亚国王，但是又于1621年被推翻，当时伊丽莎白年仅3岁，所以她的一生都是在逃公主。她热爱哲学与科学，遇见了同样生活在荷兰的笛卡儿。笛卡儿因为她的绝顶聪明和敏捷机灵而印象深刻。1644年，他的著作《哲学原理》(*Principes de la philosophie*)正是献给伊丽莎白的。我们应该衡量一下这一非凡举动的意义,那个年代,将作品献给某个名人或潜在的庇护者是一种惯例。而笛卡儿把《哲学原理》献给了一位26岁的小公主!这是一种多么难得的尊重。

1643—1649年,笛卡儿和伊丽莎白频繁通信,他们谈论着灵魂和身体的统一、医学问题、道德和政治。伊丽莎白是一个很有个性的女人。作为强硬的加尔文派,她拒绝和信奉天主教的王子结婚。1667年,她成为威斯特法伦黑尔福德路德教派修道院的院长,而她本人却是加尔文派。1680年,她在修道院逝世。

长时间以来,人们都在透过笛卡儿的眼睛阅读伊丽莎白,承认伊丽莎白有着向这位著名哲学家提出精准问题的功劳。但是,伊丽莎白提出的其实并不是真正的问题,而是异议。伊丽莎白要笛卡儿给出"一个比《沉思录》中更为具体的对灵魂的定义"①。这是在对笛卡儿提出异议,认为他的理论很难运用在某个身体或灵魂的独特性上,或者简单来说,很难运用在一个具体的人身

---

① 《伊丽莎白致笛卡儿的信,1643年5月16日》(«Lettre d'Élisabeth à Descartes, 16 mai 1643»),载[法]勒内·笛卡儿(René Descartes)著,[法]让·玛丽·贝萨德(Jean-Marie Beyssade)、[法]米歇尔·贝萨德(Michelle Beyssade)编:《与伊丽莎白的书信集及其他信件》(*Correspondance avec Élisabeth et autres lettres*),巴黎:弗拉马利翁出版社,1989年,第65页。

上。笛卡儿接受了这一异议,他的作品《论灵魂的激情》(*Les Passions de l'âme*)很大一部分源于和伊丽莎白的讨论。他们的通信和其他的通信不一样,这些通信不是抽象的,而是两个具体的人之间的真正对话。就像让-玛丽·贝萨德写道:"真正的通信者是不随着回信而消失的人。"[①]伊丽莎白没有随着笛卡儿的回信而消失。她自称"无知且叛逆":"无知"不是真的,但"叛逆"是真的。正是她的叛逆推动了通信,让通信延续,直至笛卡儿去世。

伊丽莎白没有出版过任何作品,但是她写过很多。

大体上来说,伊丽莎白的写作在于通信,数量众多的通信。当我们不再简单地将她视作凸显笛卡儿的人时,我们会越来越了解伊丽莎白的写作。另外,她不希望她的信件流通,更不希望这些信件出版。

但矛盾的是,通过她作为黑尔福德修道院院长的工作,我们可以理解她的哲学作品具有怎样的性质。伊丽莎白在自己的修道院里迎接非典型的知识分子和异端的新教徒,比如威廉·佩恩(William Penn),这位宾夕法

---

① 《伊丽莎白致笛卡儿的信,1643年5月16日》,载[法]勒内·笛卡儿著,[法]让·玛丽·贝萨德、[法]米歇尔·贝萨德编:《与伊丽莎白的书信集及其他信件》,巴黎:弗拉马利翁出版社,1989年,第19页。

尼亚殖民地的开拓者。他于 1677 年来到了黑尔福德,与伊丽莎白交流。她也和莱布尼茨通信,后者和马勒伯郎士、蒙田的"养女"玛丽·德·古纳及很多其他人一起于 1678 年拜访了伊丽莎白。伊丽莎白真正构建了那个时代的欧洲哲学网络。

让我们将悖论之绳拉到头:勇敢的、会说 6 种语言的波西米亚的伊丽莎白,是没有王国的公主,没有专著和文章的哲学家。无论是在修道院中,还是在各种各样的信件中,她都构建了一种独一无二的作品,即一个"叛逆"的探讨空间。

推荐阅读

《哲学原理》

René Descartes, *Principia Philosophiae*, *Œuvres philosophiques*, tome III, éd. de Ferdinand Alquié, Paris, Classiques Garnier, 1973, dédicace « À la sérénissime princesse Élisabeth», pp. 87−90.

《与伊丽莎白的书信集及其他信件》

René Descartes, *Correspondance avec Élisabeth et autres lettres*, éd de Michelle et Jean-Marie Beyssade, Paris,

Flammarion, coll. «GF», 2018 (ce volume comprend les réponses d'Élisabeth).

《笛卡儿与波西米亚的伊丽莎白：两位哲学家?》

Delphine Kolesnik-Antoine et Marie-Frédérique Pellegrin (dir.), *Élisabeth de Bohême face à Descartes: deux philosophes?*, Paris, Vrin, 2014.

《笛卡儿和伊丽莎白：与女性对话及作为哲学之场的信件》

Marie-Frédéric Pellegrin, «Descartes et Élisabeth: dialoguer avec une femme, la correspondance comme lieu de la philosophie», *in* Olivier Ribordy et Isabelle Wienand (dir.), *Descartes en dialogue*, Basel, Schwabe Verlag, 2019.

弗里德里希·尼采：语文学家

弗里德里希·尼采(Friedrich Nietzsche,1844—1900)24岁时成为巴塞尔大学古典语文学的教授,并在巴塞尔大学授课长达10年。成为全职语文学家之后,他将语文学(philologie)的概念用以隐喻与批评。

有多种方式、多种方法可以用来构思语文学,同时,在法国所谓的语文学和在其他国家(比如德国)所谓的语文学有所不同。这种一致性的缺失在尼采的时代,也就是19世纪,肯定更为真实。虽然有着种种的不同与分歧,但我们至少还是能够将这一学科定义为"阅读的艺术",或者甚至可以将之称为"让人能够阅读的艺术"。

语文学的任务在于围绕古代文本展开工作,从而让这些文本能够重新为人阅读、为人理解。语文学家核实作者身份和内容真实性,在原始手稿缺失的情况下,想方设法地从一些不一致的副本中尽可能地构建文本,使其以最好的方式呈现出来。语文学家提出一种语言学和历史学上的语境化,如果没有这种语境化,写作始终晦涩难懂。因此,在最普遍意义上,语文学是对文本的批评研究。

然而,尼采在语文学的概念中走得更远,为它提出了一种隐喻作用。正是在这一视角下,尼采在《道德的谱系》(*Généalogie de la morale*)中提到,人们可以将漫长的人类道德史视作一种文本,而在隐喻的层面上,用批评的方式研究这一复杂的文本是语文学家的工作。不过,尼采首先实际践行了这一准则。他对希腊诗歌的研究工作令人印象深刻,1869年他被任命为瑞士巴塞尔大学语文学教授,那时他还不到25岁!他在那里授课长达10年时间,后来辞职一部分原因是出于健康因素,但同时也是为了投入个人的作品之中。

他在巴塞尔大学的工作如今比较出名,主要是因为他的课堂笔记的发表。他的教学围绕荷马、柏拉图、修辞、度量、韵律和希腊文学展开。尼采认为,语文学是一所有益阅读的学校,是一种缓慢的、耐心的,特别是诚实的阅读。正直是语文学的道德,不应该将自己的偏见、习惯和喜好混入文本阐释之中。

尼采是一位非典型的思想家,他的风格具有争议。作为语文学家和学者,他的视角都不传统。

尼采区分了两种语文学研究的方法。第一种是狭窄的研究,比较注重细节而非广阔程度,在尼采看来这是他大部分同事的工作方式。另一种是广博研究,向所有的文学构成部分、语言和情感之间的联系及人类学开放。这第二种方式就是尼采的方式,这种方式在1872年的《悲剧的诞生》(*La Naissance de la tragédie*)中得到了非常清晰的展现。这部作品在语文学家之中引起了诸多敌意。作品中的不少主题都站在学院派的语文学研究的对面。对于很多语文学家而言,在灵感驱动与理性驱动之间进行区分,以及这种深受尼采当时的朋友瓦格纳之音乐影响的"音乐精神"的观点,不说是大逆不道,也算是不合时宜。尼采本人在《自我批评的尝试》(*Essai d'autocritique*)中谈到,这是一部"不可能的""沉重的""写得很糟"的作品。

让我们将悖论之绳拉到头:在1869年的第一堂课

上,尼采宣称:"本来是语文学,现在已经变成了哲学",这番话刻意地颠倒了塞涅卡的表达,后者惋惜哲学变成了语文学,主要想表达的是对字词的热爱。对一位语文学老师来说,这是一番稍显另类的宣言。从上课的第一天起,尼采就在语文学中看到一种为未来哲学准备的工具,一种他改造了的工具,但也是一种他始终对之保持忠诚的工具。

推荐阅读

《悲剧的诞生》

Friedrich Nietzsche, *La Naissance de la tragédie*, in *Œuvres philosophiques complètes*, tome I, Paris, Gallimard, coll. «Folio», 1989.

《晨曦》《善恶的彼岸》《反基督》

Friedrich Nietzsche, *Aurore*, Avant-propos § 5; *Par-delà bien et mal* § 22; *L'Antéchrist* § 52, Giorgio Colli et Mazzino Montinari (dir.), Paris, Gallimard, 1989.

《荷马与古典语文学》《古典语文学百科全书》

Friedrich Nietzsche, *Homère et la philologie classique et Encyclopédie de la philologie classique*, in *Écrits philologiques*, tome IV, Paris, Les Belles Lettres, 2022.

《尼采及文明问题》第一章:《作为基础隐喻的语文学》

Patrick Wotling, *Nietzsche et le problème de la civilisation*, chap. I, «La philologie comme métaphore fondamentale», Paris, PUF, 2012.

霍华德·贝克尔：爵士钢琴家

美国社会学家霍华德·贝克尔(Howard Becker, 1928—2023)，也是爵士钢琴家和摄影师，年轻时甚至是职业钢琴家。这一经历深刻地影响了他的思想，他强调社会生活中的交互与合作形式。

霍华德·贝克尔的职业生涯并未始于大学里的阶梯教室，而是始于酒吧和派对之中。他曾是爵士钢琴家，是"因为意外"才投入了社会学研究。这个意外引导着23岁的年轻的他走向论文写作，完成了一篇关于在芝加哥百姓街区里任命教师遇到困难的文章。

然而，作为音乐家的霍华德·贝克尔和作为社会学家的霍华德·贝克尔并非完全割裂。他的业余爱好常常和社会学家的领域融合在一起。社会学家贝克尔调查与他一同在酒吧里演奏的爵士音乐家。他实践着我们所说的社会学上的"参与式观察法"。这类方法涉及不同场景,在这些场景中,研究者本人也参与其中。在1997年与西尔万·布尔莫(Sylvain Bourmeau)、让-菲利普·厄尔丁(Jean-Philippe Heurtin)的一次对谈中,贝克尔讲述了一次音乐晚会中他是如何收集研究材料的。他的研究方法有一个重要的特征,为了撰写田野笔记,他并不真正地进行对谈,而是观察和聆听。他提出的问题主要在于爵士音乐人生活中的实践层面,特别是他们工作的间歇性特征:当晚的鼓手是怎么请到的?萨克斯手是否已经在这个酒吧里演奏过?贝克尔感兴趣的就是这类信息。因此,这些实际的问题首先并非社会学问题,而是音乐家和艺术家彼此之间为了互通有无而提出的问题。因此,社会学家贝克尔依然是以音乐家的身份思考与工作。

研究的方式看上去缺乏事先考量,但其实,社会学和爵士乐之间的关系出人意料。

爵士乐的独特之处在于将所有音乐家都耳熟能详的经典曲目与即兴演奏之间的巧妙融合。我们的确感觉到贝克尔最初的几次调查通过类比的方式在一种爵士乐的模型上进行。另一维度证实了贝克尔社会学风格和音乐家经历之间的相互渗透的是：人类实践场域中的协作与交互所扮演的角色及其重要性，深刻地影响了他的整部作品。这种群体性维度在贝克尔从事的爵士音乐中尤为明显。与绿洲乐队这样的摇滚乐队不同，爵士乐队并不是由惯于一同演奏的个体组成。爵士乐队集结了彼此并不认识的个体，在某次晚会中组成一个有机的整体，共同完成一次表演。大家并非彻彻底底进行即兴表演，确切来说，即兴表演并非临时发生。

一旦晚会结束，乐队立刻解散。我们需要补充的是，乐队和作品是两回事。音乐作品，和所有艺术作品一样，只有在融入一种多重交互的网络之中时才能得到完全的理解，而这种交互网络同样意味着公众接受作品的方式。这一论点很激进。就像贝克尔在他的作品《艺术界》(*Les Mondes de l'art*)中断言的那样，艺术天赋的个人主义概念是不切实际的传说，它使那些同样为作品注入鲜活生命力的贡献者销声匿迹。

让我们将悖论之绳拉到头：霍华德·贝克尔留给我们一部广博的作品，但是这部作品不是"他的"作品。他的书并不只是他的书，而是他与他人许许多多次相遇的成果。虽然我们看不见,但其实在他的签名之后,铭刻着许多人的名字,这些人滋养了他的思想、参与到他的创作之中。说到底,社会学家的真正功课在于"个体永远是复数"。

推荐阅读

《艺术界》

Howard Becker, *Les Mondes de l'art*, Paris, Flammarion, 1988.

《正确的焦距:社会科学中特例的作用》

Howard Becker, *La Bonne focale. De l'utilité des cas particuliers en sciences sociales*, Paris, La Découverte, 2016.

《贝克尔教授的独特职业生涯:与霍华德·贝克尔对谈》

Sylvain Bourmeau et Jean-Philippe Heurtin, « La carrière déviante du professeur Becker. Entretien avec Howard Becker», *Politix*, vol. 10, n° 37, 1997, pp. 155–166.

《霍华德·贝克尔:社会学家和他的多重职业》

Jean-Louis Fabiani, «Howard S. Becker. Le sociologue et ses carrières», *Politika*, 2020 (en ligne).

希帕蒂娅：天文学家

希帕蒂娅（Hypatie，约 370—415 年①）是古代哲学中一个既真实存在又具有传说色彩的人物。作为天文学家、数学家、基督教城市中的忠诚异教徒，这位新柏拉图学派的哲学家也因为她被狂热的僧侣刺杀而出名。

出生在亚历山大的希帕蒂娅并非一位非常出名的哲学家，我们也没能保存她撰写的任何文本。然而，"传说中的希帕蒂娅"，是一个非常美丽又极其聪明的女人，她是新柏拉图学派的哲学家，为人承认的学者。有一件

---

① 法语原版中希帕蒂娅的生卒年为：约 350—415 年。

事可以为希帕蒂娅的传说提供佐证,这是一个极为不幸、真实性很高、得到公认的事件:公元415年,她被狂热的僧侣们刺杀。刺杀的动机,我们不得而知。拜占庭时期的埃及首都亚历山大是一座文化之城,也是一座知识之城,城市混杂多元,在那个年代因众多的教派冲突和政治冲突而四分五裂。因此,希帕蒂娅被刺杀可能因为她是一座基督教城市中的异教徒,或者因为她的政治影响太大。又或如传说中那样,出于其他原因……

然而,希帕蒂娅因为她深刻的智慧而与众不同。她从事数学和天文学研究,和自己的数学家父亲塞翁合作撰写论文。她还会组装科学仪器,特别是星盘。星盘让人们得以计算一个星球相对于其他行星的地理位置,主要为海员所用。如我们所知,她也教授哲学。从她的一位学生辛奈西斯的信中可以得知,她穿着专属于哲学家的白色"宽大希腊长袍"。辛奈西斯对希帕蒂娅的忠诚格外引人瞩目,因为她是异教徒,而他是一名主教。

我们对她个人的哲学一无所知,所以我们无法将某一种概念或某一篇论文归于希帕蒂娅。

她的情况并非特例:我们知道一些希腊哲学家的名字,而他们所有的作品都失传了,我们找不到任何证实这些哲学家存在的文献。在这方面,相比于很多其他哲学家,希帕蒂娅没有那么倒霉:涉及她存在的证明还是挺丰富的。几十年以来,关于希帕蒂娅的研究成倍增长,很多由英语、德语、意大利语和法语完成的研究都发表出来。这些研究在于尽可能仔细地研究证明希帕蒂娅存在的古代文献,认为文献中的每一个词都很重要。但是,研究者们的观点常常不合。有些研究者认为她拥有真正的大学教职,另一些研究者则认为她在家中或街上教授哲学。至于她的科学工作,有些学者认为她主要是数学和天文学论文的评论家,另一些研究者则认为她自己撰写了一部科学专著,但不幸失传。

不过,正如传说所言,在知识缺乏的地方,想象便蓬勃发展。希帕蒂娅的形象滋养了很多艺术作品,包括诗歌、绘画、雕塑、雨果·普拉特(Hugo Pratt)的动画、亚历杭德罗·阿梅纳瓦尔(Alejandro Amenábar)的电影《城市广场》(*Agora*)。大部分专家认为,拉斐尔在梵蒂冈的著名壁画《雅典学院》(*L'École d'Athènes*)中有一位学者似乎正是希帕蒂娅,因为这位亚历山大哲学家在文艺复兴时期已经非常出名。

让我们将悖论之绳拉到头:虽然我们不能阅读希帕蒂娅失传的作品,但是我们还有她的传说,各种各样关于她的传说,人们争先恐后地重写着这些传说。伏尔泰将她视作迷信的牺牲者。而在截然不同的另一种语调中,希帕蒂娅的名字如今被用在美国不同的女性杂志中,这些杂志将她视作一位知己。最后,还有一些人将她视作最后一位异教徒哲学家。希帕蒂娅是一位科学界和古哲学界伟大的女性,我们足够清楚这一事实,因而能够按照我们的意愿想象;但又不够清楚这一事实,因而无法知道她究竟在思考什么。

推荐阅读

《书信集》

Synésios de Cyrène, *Correspondance*, Paris, Les Belles Lettres, 2000.

《亚历山大的希帕蒂娅》

Henriette Harich-Schwarzbauer, «Hypatie d'Alexandrie», *Clio. Femmes, Genre, Histoire*, n° 35, 2012, pp. 201-214 (en ligne).

《介于历史现实与意识形态之间的亚历山大的希帕蒂娅:当代想象中的古代》

Anne-Françoise Jaccottet, «Hypatie d'Alexandrie entre réalité historique et récupérations idéologiques: réflexions sur la place de l'Antiquité dans l'imaginaire moderne», *Études de lettres*, 1-2, 2010, pp. 139-158 (en ligne).

《威尼斯寓言》

Hugo Pratt, *La Fable de Venise*, Paris, Éditions Casterman, 1981.

大卫·休谟:历史学家

大卫·休谟(David Hume,1711—1776)通常作为主张"温和的怀疑主义"的哲学家而为人所知。但在英国,他也作为历史学家为人所知。就算历史学家的身份没有比哲学家的身份更出名,至少也是同等分量,这主要是因为他撰写的6卷巨著《英国史》(*Histoire d'Angleterre*)。

在《人性论》(*Traité de la nature humaine*)和其他论文集的写作之后,休谟成为历史学家,我们甚至可以说,如果说休谟算得上哲学家,那么他更算得上历史学家!他的巨著《英国史》在18世纪大获成功,影响力不仅遍及英国,也辐射至整个欧洲。1764年,伏尔泰宣称这部作品"或许是所有语言中写出的最好的一部史书"。1766年,休谟在凡尔赛宫见到了未来的路易十六,后者赞许了他的作品。我们知道,路易十六于圣殿塔关押期间仍在重读休谟的《英国史》。

历史学家休谟是一位创新者。休谟之前的史书往往都是政治史或宗教史。如果史书希望在人类史中看到代表神意的行动,那么它就是宗教的;如果史书为某位王子或国王的朝代或领土意图服务,那么它就是政治的。但是休谟摒弃了这两种模式。他撰写了一部中立的历史,不偏不倚,温和中肯。在自传中,休谟讲述到他的《英国史》同样激起了拥护"军权"的守旧派"托利党"的敌意,以及旨在限制王权、发展议会权力的自由派"辉格党"的敌意。休谟让两方都感到不快,比如他写道:"可以肯定的是,如果我们回到每个国家的原初,我们会发现,很少会遇到一开始不是建立在篡位或叛乱之上的皇室家族或共和形式。"①

休谟的哲学是一种怀疑论,他不相信我们能够触及某种毋庸置疑的真实,除非是数学上的。这种人类体验

---

① 《效忠对象》(«Des objets de l'allégeance»),载[英]大卫·休谟著,[法]菲利普·萨尔特(Philippe Salte)译:《人性论》第3卷《道德》(«La morale») 第2部分《公正与不公正》(«De la justice et de l'injustice»)第10章,巴黎:弗拉马利翁出版社,1993年。

的概念解释了他历史工作的独特性。

在哲学中,休谟区分了意念关系和事实关系。意念关系和数学一样,给我们呈现出确定而绝对的真实。然而,在体验范畴中,没有任何一种逻辑上的确信能够保障一个事实的真相。这就是休谟所主张的,比如,他说没有逻辑矛盾来证实"太阳明天不会升起"。但是,对于隶属于体验的现象,我们也缺少绝对的确信,而这种确信的缺失不仅涉及即将到来的事实,同样作用于过去的事实。从定义上来说,历史向我们展现的是事实关系,而这些关系是人类体验的组成部分。历史学家必须公平公正地描述这些关系,让不同的观点对峙。接着,历史学家给出有可能的解释,而不是确定而绝对的事实。在休谟看来,正是这种研究让我们得以延伸自身的体验和对人类自然的了解。诚然,历史展现出冲突与情感的混乱,包含"野心、贪婪与虚无",但是我们也可以从中提炼出某些原则,以及一种相对的稳定。这就是为什么,如同休谟写到的那样:"我们可以说,常读历史的人从原初开始体验了世界。"①

---

① 《历史研究》(«De l'étude de l'histoire»),载[英] 大卫 · 休谟著,[法] 让-皮埃尔 · 杰克逊(Jean-Pierre Jackson)译:《道德、政治和文学论文》(*Essais moraux, politiques et littéraires*),巴黎:真实出版社(Alive),1999年,第337页。

让我们将悖论之绳拉到头：哲学家休谟与历史学家休谟都认同人类历史既暴力又平定。暴力是因为"当大众卷入其中，变化……不可避免地伴随着流血和冲突"①，而平定是因为真正的历史创造了正统性：他大致估算，篡位后维持60年左右的统治最终将得到接受，因为新一代人不再知道之前的情况。因此，休谟的历史思想终将轮流被各种不同势力厌恶与喜爱。

推荐阅读

《休谟与历史知识》

Claude Gautier, *Hume et les savoirs de l'histoire*, Paris, PUF, 2005.

《英国史：从尤利乌斯·恺撒入侵到1688年革命》

David Hume, *Histoire d'Angleterre depuis l'invasion de Jules César jusqu'à la révolution de 1688* [1754–1762], trad. par Jean-Baptiste-Denis Deprès, Paris, Janet et Cotelle, dix volumes, 1819–1822.

《历史研究》及《我的一生》

David Hume, *De l'étude de l'histoire* et *Ma vie*, in

---

① 《历史研究》，载［英］大卫·休谟著，［法］让-皮埃尔·杰克逊译：《道德、政治和文学论文》，巴黎：真实出版社，1999年，第337页。

Essais et traités sur plusieurs sujets, tome I, *Essais moraux, politiques et littéraires* (première partie), Paris, Vrin, 1999.

《休谟〈英国史〉中的崇拜与迷信》

Éléonore Le Jallé, «Enthousiasme et superstition à partir de l'*Histoire d'Angleterre* de Hume», *Revue de métaphysique et de morale*, n° 59, 2008/3, pp. 351-363.

勒内·笛卡儿：解剖学家

勒内·笛卡儿（René Descartes，1596—1650）不仅是物理学的探索家，而且是生命现象研究学者。他从事解剖工作，甚至包括活体解剖，我们可以说笛卡儿也是一位解剖学家。

说到笛卡儿，我们会想到哲学家、形而上学家和学者。他的动物—机器生理学理论从 17 世纪起就为人所知：动物的身体，和人类的身体一样，是极为复杂的机器，由上帝设计与构建。1637 年出版的《方法论》(*Discours de la méthode*)第五部分解释了这一原则的核心运转方式：紧随英国医生威廉·哈维其后，笛卡儿证实了血液循环。"心脏的热带来的血液膨胀是我们身体这一机器的第一动力,也是主要动力"①,笛卡儿这样写道。

笛卡儿的生理学分析与理论首先建立在观察之上。在阿姆斯特丹的时候,笛卡儿住在卡弗街附近,"卡弗街"的字面意思是"小牛肉街",街上也的确有许许多多的肉店。因此,他能够近处观察到动物的脏器。在开始解释《方法论》核心运转的时候,笛卡儿还要求读者"找人在自己眼前切开某种有肺的大型动物的心脏"②。不知道今天有多少《方法论》的读者遵循了这一指令……

迄今为止,笛卡儿作为生理学家写作,而不是解剖学家。克劳德·伯纳德在19世纪有言:"解剖学家解剖,生理学家分析。"③笛卡儿不满足于观察屠夫的切块,他本人也从事解剖。在书信中,他好几次提及自己解剖过不同类型的动物:特别是鱼、兔子、牛和鳗鱼。他在1638年3月31日给学者马林·梅森的信中描述了解剖

---

① [法]勒内·笛卡儿著,[法]查尔斯·亚当(Charles Adam)、[法]保罗·坦纳里(Paul Tannery)编:《人体描述》(*Description du corps humain*),《笛卡儿全集》(*Œuvres*)第11卷,巴黎:弗兰出版社,1974年,第228页。
② [法]勒内·笛卡儿:《方法论》,《笛卡儿全集》(*Œuvres complètes*)第3卷,巴黎:伽利玛出版社,2009年,第112页。
③ [法]克劳德·伯纳德(Claude Bernard):《实验医学研究》(*Principes de médecine expérimentale*),巴黎:法国大学出版社,1962年,第209页。

老牛眼睛的经历,又在同年2月15日给医生普林皮乌斯(Plempius)的信中描述了解剖活兔子的经历。

我们可以想象这样一个笛卡儿,手持柳叶刀,扑在这一类的动物实验之上。

描述这样一种用柳叶刀完成的活体解剖,虽然非常有教育意义,但对于当代有同情心的读者来说多少算是有些困扰。但是,笛卡儿并非只关心上帝存在或思想指导准则的哲学家。他首先是个学者,也想做一位学者,他希望通过实验来证实自己的科学理论。同样是在给医生普林皮乌斯的信中,笛卡儿写道:"我们可以想象那些与我的观点相反的观点,非常可靠的实验则能够推翻这些观点。"[1]这句话看上去可能显得傲慢自大,但是要知道,虽然笛卡儿会遭到学者们的反对,但他总是会对这些反对意见予以回应。更重要的是,笛卡儿的实验总有着比简单的知识更高的目标:这些实验应该构建医学和道德,而医学和道德在笛卡儿看来是哲学之树最珍贵的成果。如今,我们非常关心动物的生存条件,但是在笛卡儿的人生中,人们可能会批评他的动物实验。就像

---

[1] [法]勒内·笛卡儿:《1638年2月15日给普林皮乌斯的信》(«Lettre à Vopiscus Plempius du 15 février 1638»),《笛卡儿全集》第2卷《书信》(*Correspondance*),巴黎:伽利玛出版社,2013年,第411页。

他在给梅森的信中为自己解剖实践的方式辩护的那样："对解剖保持好奇,这不是一种罪过。"[①]人体和动物一样,都是一种机器,而动物解剖,特别是哺乳动物的解剖,间接地为医学和道德提供了基础。

让我们将悖论之绳拉到头:并不存在两个笛卡儿,他既是内在的形而上学者——对他而言,灵魂只有一种思考功能,就是著名的"我思";同时,他也是外在的解剖学家——在解剖刀的尖端追寻躯体的活动。实际上,这两个笛卡儿不是分离或相对的,就像笛卡儿哲学中的灵魂与身体一样不可分离。

推荐阅读

《笛卡儿的生命原理》

Annie Bietbol-Hespériès, *Le Principe de vie chez Descartes*, Paris, Vrin, 1990.

《从维萨尔到笛卡儿:心与生命》

Annie Bietbol-Hespériès, «De Vésale à Descartes: le

---

① [法]勒内·笛卡儿:《1639 年 11 月 13 日给马林·梅森的信》(«Lettre à Marin Mersenne du 13 novembre 1639»),《笛卡儿全集》第 1 卷《书信》,巴黎:伽利玛出版社,2013 年,第 351 页。

cœur, la vie », *Histoire des sciences médicales*, tome XLVIII, n° 4, 2014 (texte en ligne).

《笛卡儿全集：方法论及随笔》

René Descartes, *Œuvres complètes III, Discours de la méthode et Essais*, Paris, Gallimard, coll. «Tel», 2009.

《笛卡儿全集：书信》

René Descartes, *Œuvres complètes VIII, Correspondance*, vol. 1 et 2, Paris, Gallimard, coll. «Tel», 2013.

西蒙娜·薇依：工人

西蒙娜·薇依（Simone Weil, 1909—1943），杰出的知识分子，34岁去世，在短暂的人生中经历了多重生活：哲学教师、工人、西班牙战争战士、自由法国活动分子。在所有这些战斗中，她始终寻找着"集体生活的强大情感"。

西蒙娜·薇依因离开了哲学教师的岗位去做工人而为人所知。她出生于1909年，34岁因肺结核去世，却在短暂的时间中度过了多重人生。

西蒙娜·薇依出身于一个资产阶级家庭，她成绩优异，毕业后在勒皮区教授哲学。1931—1932年，她碰上了工会的罢工运动，这次罢工是为了反抗失业、要求涨薪。那一时期，因为1929年美国的股票暴跌，法国经历了严重的经济危机，沉浸在所谓的"大萧条"之中。

对薇依而言，哲学背景不仅是道德支持，也是智力支持，还是物质支持。她将自己大部分的收入花在罢工者的集体账户上，每天只留给自己5法郎生活，这是勒皮区失业津贴的平均数。令人印象深刻的是，她首先在工厂之外认识了自己的工人职业。第一次是在一次罢工中。罢工的时候，她的工作也暂停了，于是她参与了罢工。此外，她选择以和工人同等水平的收入生活，这让她对工人生活有了更深刻的体会。薇依先是感受到工人生活的物质条件，之后体验了工人的工作。可以说，她预见了所谓"革命青年"（des établis）的运动，即引导学生到工厂工作，从而更好地理解工人条件，并在工会斗争中有所影响。

西蒙娜·薇依在工厂发现的，并不是罢工运动的集体冲劲，而是车间里工人们的孤独与痛苦。

诞生于斗争之中的团结与工厂工作的日常现实之间存在一种脱节。薇依的工人生涯很短暂，只从1934年持续到1935年。但是这段生涯对她产生了强烈的影响，让她能够真切地理解工人生活。她先是在勒古布的阿尔斯通工厂当非技术工人，后来在布洛涅的安德尔的卡诺巴斯工厂当冶金工人。失业后,她又进入了雷诺的工厂,担任铣工,从 1935 年 6 月工作到同年 8 月。因此,薇依在工厂的经历多种多样,这自然使得她关于"工人生存条件"的分析有着广阔的视野,使她意识到这一条件会因为年代与地点的不同而有所改变。在 1936—1941 年撰写的一篇题为《工厂生活体验》(«Expérience de la vie d'usine»)的文章中,西蒙娜·薇依重提自己的工厂生活经历。这篇文章后来于 1942 年在《经济与人文主义》(Économie et humanisme)杂志上发表。与我们常常听到的关于工厂生活的说法相反,薇依描绘了工人的贬值,他们被沉重的机器、劳动的节奏和管理者专横的权威压垮,所有这些都不间断地给工人带来压力。"工厂能让灵魂充满集体生活的强大感受,"然后笃定地总结道:"如果真是如此,那么工厂生活该是多么美好,但实际并非如此。"①

让我们将悖论之绳拉到头:因为薇依既参与到战斗中,又参与到宗教之中,所以人们也将她称为"红色贞女"。她选择离开舒适的教室,走进艰苦的工厂车间。

---

① 西蒙娜·薇依:《工厂生活体验》,《西蒙娜·薇依全集》(Œuvres),巴黎:帕约与里维格出版社(Payot & Rivages),2023 年,第 304—305 页。

这并不是一种降级,而是一种选择。用今天的话来说,她的经历应该被称为一种"反向阶级跨越"。为了触及真实人生的"神恩",这位超前的"革命青年"做出了"重负"①的极端选择,不仅和负重最多的人一起生活,更重要的是,以和他们一样的方式生活。

推荐阅读

《西蒙娜·薇依:关注与行动》

Joël Janiaud, *Simone Weil. L'attention et l'action*, Paris, PUF, 2002.

《西蒙娜·薇依的一生》

Simone Pétrement, *La Vie de Simone Weil*, Paris, Fayard, 1973.

《重负与神恩》

Simone Weil, *La Pesanteur et la Grâce*, Paris, Pocket, 1991.

《工厂日记》

Simone Weil, *La Condition ouvrière*, Paris, Flammarion, coll. «GF», 2022.

---

① "神恩"与"重负"二词取自1991年出版的西蒙娜·薇依作品标题《重负与神恩》(*La Pesanteur et la Grâce*)。

哲学家年表

(按出生先后排列)

第欧根尼 Diogène(约公元前 404—约前 323 年)

西塞罗 Cicéron(公元前 106—前 43 年)

塞涅卡 Sénèque(约公元前 4—公元 65 年)

普鲁塔克 Plutarque(约 46—约 120 年)

爱比克泰德 Épictète(约 55—138 年)

马可·奥勒留 Marc Aurèle(121—180)

希帕蒂娅 Hypatie(约 370—415 年)

米歇尔·德·蒙田 Michel de Montaigne(1533—1592)

玛丽·德·古纳 Marie de Gournay(1565—1645)

托马斯·霍布斯 Thomas Hobbes(1588—1679)

勒内·笛卡儿 René Descartes(1596—1650)

伊丽莎白 Élisabeth(1618—1680)

布莱士·帕斯卡 Blaise Pascal(1623—1662)

巴鲁赫·斯宾诺莎 Baruch Spinoza(1632—1677)

戈特弗里德·威廉·莱布尼茨
　　Gottfried Wilhelm Leibniz(1646—1716)

让·梅叶 Jean Meslier(1664—1729)

孟德斯鸠 Montesquieu(1689—1755)

埃米莉·沙特莱 Émilie du Châtelet(1706—1749)

大卫·休谟 David Hume(1711—1776)

让-雅克·卢梭 Jean-Jacques Rousseau(1712—1778)

德尼·狄德罗 Denis Diderot(1713—1784)

克洛德·阿德里安·爱尔维修
　　Claude Adrien Helvétius(1715—1771)

索伦·克尔凯郭尔 Søren Kierkegaard(1813—1855)

雷克吕斯 Élisée Reclus(1830—1905)

弗里德里希·尼采 Friedrich Nietzsche(1844—1900)

亨利·柏格森 Henri Bergson(1859—1941)

加斯东·巴什拉 Gaston Bachelard(1884—1962)

汉娜·阿伦特 Hannah Arendt(1906—1975)

克洛德·列维-斯特劳斯
　　Claude Lévi-Strauss(1908—2009)

西蒙娜·薇依 Simone Weil(1909—1943)

蒂娜·德雷福斯 Dina Dreyfus(1911—1999)

柯奈留斯·卡斯托里亚蒂斯
　　Cornelius Castoriadis(1922—1997)

阿瑟·丹托 Arthur Danto(1924—2013)

霍华德·贝克尔 Howard Becker(1928—2023)

芭芭拉·卡森 Barbara Cassin(生于1947年)

贝尔纳·斯蒂格勒 Bernard Stiegler(1952—2020)

多米尼克·梅达 Dominique Méda(生于1962年)

马修·克劳福德 Matthew Crawford(生于1965年)

伊夫·居赛 Yves Cusset(生于1972年)

阿涅斯·盖罗 Agnès Gayraud(生于1979年)

纪尧姆·马丁 Guillaume Martin(生于1993年)

译后记

三百六十行,行行哲学家。

哲学家如何谋生?埃尔·卡布利的问题好像在为哲学家剥离神性。那一个个如雷贯耳的名字,并没能因为他们跨越时代的思想和发人深省的观点而摆脱上班赚钱、吃饭睡觉的世俗与日常。"哲学又不能当饭吃",这句话似乎又得到了一些印证。不过,劳动者的肉身又何尝不是一种对"哲学"的形而上的"蒸馏"呢?"不能当饭吃"的哲学或许是更为纯粹的哲学。

但如果将"哲学"视作一种纯粹的形而上,那便是误解了埃尔·卡布利的本意。恰恰相反,作者笔下的哲学,是一朵朵在日常的职业活动上开出的花;而作者笔下的哲学家,是一位位从事着具体职业的劳动者。哲学家的工作,绝不仅仅是"以此为生"的谋生手段,更是他们哲学思想的土壤。工作让他们看见、听见、触碰、感知,让他们得以用最真实、最具象的方式拥抱世界,让他们的视角、态度、立场根植于大地,而非悬浮于空中。

同时,"哲学家"不是一种少数人的职业,"哲学"也不是一种特定群体的活动。在埃尔·卡布利提及的例子中,任何一种哪怕再平平无奇的工作,似乎都具有滋养哲思的能力。于是,这部作品里的"哲学"以一种比任何时候都更平易近人的样貌呈现,或许也因此而显得更具活力与生命力。仿佛当任何一个人,在生命中的任何一刻,突然决定停下手上的工作,跳出自我的框架,花片刻时间重新审视正在从事的职业,我们便能听见那微弱的、隐约的哲学萌芽的声音。

埃尔·卡布利的作品首先是一本好读的书,因为脱胎于电台节目,甚至有着娓娓道来或轻松戏谑的口语风格。每个篇章都短小精悍,非常适合碎片时间随手拿起来,随便翻到哪一篇,沉浸片刻地阅读,都会是不错的体验。职业身份让大家耳熟能详的哲学家变得立体生动,给予读者探索冷知识的乐趣。而那些大家相对陌生的哲学家的经历,则更为清晰地勾勒出从具体工作到哲学思考的推演路径。有些哲学家的工作本身就很稀奇,比如造假币的、抢银行的、吃利息的。有些哲学家的叛逆也很有魅力,比如因为不想回国上班硬是从意大利骑马骑了一个半月才到法国的蒙田;当了一辈子神父却在遗书里让大家去教堂阅读他疾呼"没有上帝!"的手稿的让·梅叶;每天清晨召见众臣之前都要劝劝自己别和傻子一般见识的奥勒留。总之,这是一部会激发分享欲的作品,总有那么一两处细节会令人忍俊不禁。

法语原著的书名为《哲学家的"真正"职业》。为"真正"打上双引号,大概也是作者在表达对哲学家所谓"本职工作"的双重拷问:对这些哲学家而言,究竟是社会意义、日常意义上的工作才算是"真正"的职业,还是令他们为人所知、跨越时空的哲学思考是"真正"的职业?中译本书名《哲学家如何谋生?》同样指向多重维度:一方面,哲学家如何维持生计,保障物质生存;另一方面,哲学家的思想、理念与智慧如何超越物质,实现精神生存。面对两者之间的张力与冲突,哲学家作为主体在具体与抽象、现实与理想、世俗生活与精神追求之中的能动与平衡,则以更为实质与根本的方式指向哲学家之"生",指向哲学之"生"。

或许我们也可以像埃尔·卡布利一样发问:劳动者的"真正"职业是什么?人类的"真正"工作是什么?如

果说,埃尔·卡布利的作品用社会工作将哲学家的人格补充完整,那么,我们是否应该反过来,用哲学来完善我们的劳动者人格?在人工智能时代,人与工作的关系似乎比以往任何时候都更为复杂。人类本就默许着工作对自身之异化,又因被技术取代的风险而助长着异化的加剧。高效率、生产力、机动性——衡量工作者优秀与否的标准似乎局限于此。而与此同时,飞速发展的技术其实需要伦理与道德的指导,需要对存在与身份的反思,需要关于自由意志与本体论的探讨。这些可能不再仅是哲学家的工作,更是每一个身处洪流之中的、具有哲思能力的人必须要面对的命题。

所以,对于我们每个人来说,哲学或许应该是一种选择。哲学可以是我们的"兼职工作",是我们接受、看待、理解日常的一种姿态,是我们存在于世的方式。哲学让我们触碰自我,唤醒本真,向内求索。人之所以为人,是因为人可以挥动思想的利剑,劈开时代巨浪翻腾而起的浓雾;可以手握哲学的缰绳,驾驭轰然前行飞沙走石的骏马。哲学能够成为我们的灯、锚、出路与答案。这大概是埃尔·卡布利这部作品的时代意义。

翻译《哲学家如何谋生?》是一次美妙的体验。这是一部从书名便开始吸引我的作品。感谢上海社会科学院出版社对这部独特而新颖作品的引进,让我有机会接触这部作品、写下这些文字。感谢孙宇昕编辑 10 个月前那封充满信任的私信,以及一直以来认真严谨地审校、不厌其烦地听我表达观点、探讨每一处细节。感谢每位在翻译及出版过程中帮助过我的学者、同侪、朋友,他们为我提供了宝贵的意见与建议。

希望埃尔·卡布利的思考能为中文读者带来惊叹、笑容、启迪与触动,也希望哲学的光能继续照着我们前行的路。

2025 年 3 月 27 日

图书在版编目(CIP)数据

哲学家如何谋生？/（法）纳西姆·埃尔·卡布利著；黄可以译. -- 上海：上海社会科学院出版社，2025.
ISBN 978-7-5520-4755-4

Ⅰ. K815.1

中国国家版本馆 CIP 数据核字第 2025QC7056 号

上海市版权局著作权合同登记号：09-2024-0572

Originally published in France as:
LE VRAI METIER DES PHILOSOPHES by Nassim EI Kabli
© Librairie Arthème Fayard, 2024/ France Culture 2024
Current Chinese translation rights arranged through Divas International, Paris
巴黎迪法国际版权代理

哲学家如何谋生？

著　　者	［法］纳西姆·埃尔·卡布利
译　　者	黄可以
责任编辑	孙宇昕
封面设计	于　欣
出版发行	上海社会科学院出版社
	上海顺昌路 622 号　邮编 200025
	电话总机 021-63315947　销售热线 021-53063735
	https://cbs.sass.org.cn　E-mail:sassp@sassp.cn
照　　排	南京展望文化发展有限公司
印　　刷	上海盛通时代印刷有限公司
开　　本	787 毫米×1092 毫米　1/32
印　　张	7.25
字　　数	115 千
版　　次	2025 年 7 月第 1 版　2025 年 7 月第 1 次印刷

ISBN 978-7-5520-4755-4/K·483　　　　定价：58.00 元

版权所有　翻印必究